Helga Pfeil-Braun
Pionierin und Unternehmerin
in der jungen Bundesrepublik

Jutta C. Pfeil

Helga Pfeil-Braun

Pionierin und Unternehmerin
in der jungen Bundesrepublik

Jutta C. Pfeil

„Für jedes Problem gibt es eine Lösung!"

Helga Pfeil-Braun

Bibliografische Information der Deutschen Nationalbibliothek:
Die Deutsche Nationalbibliothek verzeichnet diese Publikation in der Deutschen Nationalbibliografie; detaillierte bibliografische Daten sind im Internet über die Adresse http://dnb.ddb.de abrufbar.

© Copyright 2023 - Urheberrechtshinweise:
Alle Inhalte dieses Buches, insbesondere Texte, Fotografien und Grafiken, sind urheberrechtlich geschützt. Das Urheberrecht liegt, soweit nicht ausdrücklich anders gekennzeichnet, bei Jutta C. Pfeil.

Gestaltung, Layout: © 2023 Friedrich Pfeil
Covergrafik: © Privat

ISBN Hardcover: 978-3-347-70762-7

Druck und Distribution im Auftrag der Autorin:
tredition GmbH, Halenreie 40-44, 22359 Hamburg, Germany

Die Publikation und Verbreitung erfolgen im Auftrag der Autorin unter:
tredition GmbH, Abteilung "Impressumservice", Halenreie 40-44, 22359 Hamburg, Deutschland.

Inhaltsverzeichnis

Vorwort *9*
Das Beste daraus machen *13*
Fräulein, wo wollen Sie denn hin? *23*
Frauen braucht das Land *30*
Ein Start-up in der jungen Bundesrepublik *34*
Selbstbestimmt leben *40*
Publicity von allen Seiten *45*
Die Bedingung *50*
Eine Schule fürs Leben *57*
Top Tipps im Klartext *74*
Unternehmerischer Mut *79*
Als Fachdozentin unterwegs in Europa *86*
Eine Meisterin der freien Rede *95*
Handeln Sie souverän! *100*
Prüfungen einmal anders *105*
Ein enges Zeit-Korsett *109*
Was ist, wenn mal der Faden reißt? *114*
Ein Mixtum compositum in Balance *118*
Kann das wirklich stimmen? *127*
Chefin als Übergang – Mentorin ein Leben lang . . . *136*
Der Wandel: Emanzipieren und Digitalisieren *143*
Nachwort *153*
Andere erinnern sich *158*
Dank *165*
Ein buntes Portfolio *168*
Anmerkungen *172*
Quellen *176*
Über die Autorin *179*

Vorwort

Manchmal begegnet man Menschen, an die man sich sein Leben lang erinnern wird, weil sie durch ihre Strahlkraft beeindrucken. Zu diesen Persönlichkeiten gehörte Helga Pfeil-Braun.

Sie zeichnete sich durch unternehmerisches Denken und Handeln aus, genauso wie durch Ideen, die ihrer eigenen Zeit voraus waren. Mit ihren Werten und ihrem seinerzeit modernen Selbstverständnis als Frau setzte sie Maßstäbe für die damals unübliche Rolle der „Frau im Beruf", die ihre Fähigkeiten auf diesem Gebiet weiterentwickelt – sogar nach einer Eheschließung.

Dieses Modell entwarf sie nicht nur für sich selbst. Sie gründete 1953 das „Sekretärinnen-Studio Helga Braun" – die erste Ausbildungsstätte dieser Art in der jungen Bundesrepublik –, in dem sich kaufmännische Angestellte zur „Geprüften Sekretärin" qualifizieren konnten.

In ihrer weiteren Karriere wurde sie als Expertin für die Weiterbildung von Sekretärinnen und Assistentinnen von DAX-Unternehmen und Akademien landesweit als auch innerhalb Europas engagiert.

Zu ihren 57 Berufsjahren hatte ich einen direkten Zugang. Dies nicht nur, weil ich ihr mehrere Jahre im Studio assistiert habe und zugleich als Seminarleiterin von ihr ausgebildet wurde. Helga Pfeil-Braun war meine Mutter. Somit sind durch familiäres Erleben und Erzählen zusätzliche Innenansichten vorhanden.

Als ich ihren schriftlichen Nachlass vor mir hatte, mir jedes Papier einzeln vornahm, vergilbte, dünn gewordene Zeitungsausschnitte, Berichte, Prospekte und Fotos vorsichtig sortierte, wurde mir bewusst, dass ich über diese außergewöhnliche Frauenkarriere berichten wollte.

Auf den folgenden Seiten erzähle ich, warum eine staatlich geprüfte Chemotechnikerin ein Sekretärinnen-Studio gegründet und wie es sich über fast ein halbes Jahrhundert seines Bestehens entwickelt hat. Welche Ideen, Menschen und Rahmenbedingungen haben diese Erfolgsgeschichte ermöglicht beziehungsweise begünstigt?

Gleichzeitig werden die Hindernisse auf dem beruflich-privaten Weg ersichtlich und mithilfe welcher Vorgehensweisen diese überwunden wurden. Interessant, wie aktuell Fragen, die dabei zu berücksichtigen waren, noch sind!

Da sich meine Mutter auf die Aus- und Weiterbildung von Sekretärinnen spezialisiert hatte – was ein Zufall war –, skizziert der Text auch den Wandel dieses Berufsbildes ab den 1950er-Jahren. Darauf lohnt sich ein Blick, weil sich die Emanzipation von Frauen in der Gesellschaft in diesem weiblichen Beruf widerspiegelte, zudem viele Handlungsempfehlungen in den Seminaren generell für Frauen im Beruf verwertbar waren. Jene Standpunkte und praktischen Tipps gehen beispielhaft aus dieser Lektüre ebenso hervor.

Trotz einer katastrophalen Ausgangslage hat meine Mutter dennoch das Erwachsenenleben ihrer Mentalität entsprechend gestalten können. Daraus folgten Glück und Erfüllung.

Institut für Stadtgeschichte, Frankfurt am Main (ISG FFM), S7B Nr. 1998-1

Altstadt mit Dom, unbekannt
Frankfurt am Main 1945

Das Beste daraus machen

Das Glas ist nicht nur leer bis auf den Grund, sondern das Glas als solches hat derart viele Sprünge bekommen, dass es nicht einen Tropfen würde halten können.

1945, am Ende des Krieges, kommt Helga Braun nach einer zermürbenden Odyssee in einem von Menschen überfüllten Zug am Hauptbahnhof in Frankfurt am Main an.

Als „Staatlich geprüfte Chemotechnikerin" hatte sie zuvor in ihrer Heimatstadt am Mineralogisch-Petrografischen Institut der Universität Frankfurt gearbeitet. Kriegsbedingt war es in eine geschützte Welt nach Schramberg im Schwarzwald ausgelagert worden.

Sie hat also überlebt und ihre Mutter, Tilly Braun, die in Frankfurt-Sachsenhausen hatte zurückbleiben müssen, ebenfalls. Ihr Vater war bereits 1930 verstorben.

Zwar war die gemeinsame Wohnung durch Bombenangriffe unbewohnbar geworden, aber ihre Mutter hat eine vorübergehende Bleibe für sich und ihre Tochter im Haus ihres Bruders – ebenfalls in Sachsenhausen – gefunden.

Frankfurt, so wie es einmal war, gibt es nicht mehr. Vier Fünftel aller Bauten sind zerstört oder schwer beschädigt, die Altstadt sogar komplett. Diese ehemals schöne Stadt ist eine einzige Trümmerwüste. Frankfurt war ab 1940 durch mehrere Luftangriffe, vor allem aber durch zwei nächtliche Großangriffe 1944 von mehr als

800 alliierten Tieffliegern mit Spreng- und Brandbomben zerstört worden. Dabei gingen mehr als zwei Millionen Bomben auf den Stadtkern nieder. Etwa die Hälfte der Überlebenden war dadurch obdachlos geworden.[1]

Helga Braun ist nun zwanzig Jahre alt, zwar erleichtert, dass der Krieg endlich vorbei ist, und überglücklich, ihre Mutter gesund wiederzusehen, aber zugleich schwer erschüttert darüber, unter welch trostlosen Bedingungen alle Menschen versuchen müssen, ihre Zukunft zu meistern. Die vertraute Welt ist ihr abhanden gekommen, sie hat ihre Arbeit verloren, Unsicherheit und Existenzangst durchdringen sie. Die Kontrolle über das eigene Leben ist ihr entglitten, sie fühlt sich ausgeliefert. Es bestehen keine verlässlichen Strukturen mehr, kurzum: Es herrscht Chaos, wenngleich sich die Menschen in dieser Not gegenseitig helfen.

Wie, um alles in der Welt, soll sie aus dieser Situation wieder herausfinden? Helga Braun erkennt, dass sie weder Panik noch Resignation stabilisieren würden. Schon gar nicht kann sie darauf hoffen, von anderer Seite aus dieser Lage befreit zu werden. Sie muss sich eingestehen, dass sie selbst gefordert ist, ihr Leben in die Hand zu nehmen, sich somit dem Krisenmodus anzupassen. Nur mit dieser Einstellung kann sich überhaupt für sie eine weitere Lebenschance auftun. Ihre Widerstandsfähigkeit ist also auf das Äußerste gefordert.

„Helga, Du musst Dir schnell eine Arbeitsstelle suchen, sonst bekommen wir keine guten Lebensmittelmarken", mahnt die Mutter und sorgt damit für eine erste Orientierung in diesem Chaos.

Lebensmittelmarken sind überlebenswichtig. Sie wurden bereits ab Kriegsbeginn vom Staat ausgegeben, um damit vor allem Grundnahrungsmittel in festgelegten Rationen kaufen zu können. Dabei ist keineswegs sicher, ob alles verfügbar ist. Die tägliche durchschnittliche Ration eines Normalverbrauchers besteht beispielsweise aus zwei Scheiben Brot, etwas Margarine, einem Löffel Milchsuppe und zwei Kartoffeln.[2]

Die vielen Menschen, die jetzt Arbeit suchen, „bewerben" sich dafür an einer zentralen Stelle in Frankfurt, das ist die Hauptwache, und zwar mit nicht mehr als einem handgeschriebenen Zettel. Einen solchen heftet auch Helga Braun mit ihrem Beschäftigungswunsch an einen Bretterzaun zwischen Schutt und Asche mit folgendem Text:

„Staatlich geprüfte Chemotechnikerin, 20 Jahre alt, sucht neue Stelle!".

Tatsächlich erhält sie schon nach kurzer Zeit ein Angebot von Dipl.-Chem. Dipl.-Ing. Klaus Schaefer. Er ist Firmengründer von „Zethe Gebrüder Schaefer, eine Fabrik chemischer und technischer Erzeugnisse". Der Firmensitz befindet sich in Frankfurt-Hausen in einer zerstörten Flakkaserne, die mit einem Notdach versehen ist. Klaus Schaefer eröffnet ihr sogleich:

„Ich kann Sie für eine künftige Labortätigkeit vorsehen, sobald die Lizenz dafür vergeben wird, aber bis dahin müssen Sie für mich und meinen Bruder als Sekretärin arbeiten."

„Ich bin aber keine Sekretärin!", wendet sie ein.

Sie zweifelt zunächst daran, eine gute Stelle in Aussicht zu haben. Das hatte sie sich doch ganz anders vorgestellt. Allerdings wird ihr klar, dass direkt nach dem Krieg Chemotechnikerinnen keine berufliche Perspektive haben. Schon gar nicht kann sie es sich unter diesen Umständen leisten, sich den Lebenswunsch zu erfüllen, nämlich Chemie zu studieren, um anschließend in die Forschung zu gehen. Das ist eine Illusion. Irgendeine Arbeitsstelle muss jetzt gefunden werden, aber als Sekretärin?

Sie erinnert sich, was Professor Nacken in ihr letztes Arbeitszeugnis geschrieben hatte:

„Fräulein Helga Braun, geb. 27.5.1925 war vom 1.5.1944 bis 30.4.1945 am Mineralogisch-Petrographischen Institut der Universität Frankfurt/Main als Chemotechnikerin beschäftigt. Ihre Aufgabe bestand in der Durchführung analytischer Arbeiten auf dem Gebiet der physikalisch-chemischen Mineralogie. Alle ihr übertragenen Arbeiten wurden sorgsam durchgeführt. Sie besitzt auf chemisch-analytischen Gebiet gute Sicherheit und Sorgfalt, sodass die von ihr ermittelten Resultate sich durch Zuverlässigkeit auszeichneten. Neben diesen Arbeiten wurden noch mancherlei organisatorische Anforderungen an Fräulein Braun gestellt, die durch kriegsbedingte Ereignisse auftraten. Alle ihr zugewiesenen Arbeiten wurden mit unermüdlichem Fleiss erledigt. Fräulein Braun war persönlich eine sehr angenehme Mitarbeiterin, der ich für die Zukunft das Beste wünsche, nachdem infolge der Kriegsereignisse ein Verbleiben an der bisherigen Stelle nicht mehr möglich war." [3]

Ob sie die erworbenen Kenntnisse aus der Chemie befähigen, sich in einem neuen Beruf zurechtzufinden? Für Klaus Schäfer sind die guten Noten jedenfalls ausreichend, um Helga Braun einzustellen. Und für sie ist es wichtig geworden, die Ist-Situation realistisch einzuschätzen und das Ziel des Geldverdienens im Auge zu behalten. Also nimmt sie, was sie bekommen kann und macht das Beste daraus.

Auch muss sie in Kauf nehmen, jeden Morgen und jeden Abend einen langen Fußweg – streckenweise durch das Epizentrum der Zerstörung – zurückzulegen. Zwar fahren ab etwa Mitte 1945 in Frankfurt wieder Straßenbahnen und Fährboote halten die Verbindung zwischen dribbdebach und hibbdebach[4] – einige Brücken waren noch in den letzten Kriegstagen von deutschem Militär gesprengt worden, um den Vormarsch der Alliierten aufzuhalten. Sogar Licht und Wasser sind weitestgehend verfügbar, und manche Geschäfte bieten aus ihren noch erhaltenen Beständen Waren inmitten von Ruinen feil. Dennoch bleibt es für Helga Braun lange Zeit ein schmerzvoller Weg, den sie gesenkten Hauptes durch diese gespenstischen Schneisen der Verwüstung zu gehen hat, immer versucht, den Blick von den Trümmerbergen abzuwenden. Aber ihr bleibt keine andere Wahl, als sich mit all diesen Umständen abzufinden.

Nach einigen Wochen des Improvisierens bei Zethe tut sie das, was sie in der Chemie so gründlich gelernt hatte, sie analysiert: Was muss eine Angestellte in dieser Position eigentlich genau können? Sie arbeitet sorgfältig eine detaillierte Stellenbeschreibung für Sekretärinnen aus. Ihr neuer Chef ist beeindruckt, wie schnell sie sich in verschiedene Bereiche eingearbeitet hat, es versteht, das Wesentliche zu erkennen und entsprechend zu handeln. Umso mehr bedauert es Klaus Schaefer, dass seine tüchtige Sekretärin nach zweieinhalb Jahren kündigt. Sie ist völlig unerwartet bei Zethe der Liebe ihres Lebens begegnet.

Wolfgang Pfeil war im Frankfurter Westend aufgewachsen. Nach seinem altsprachlichen Abitur absolvierte er zwei Jahre lang den Wehrdienst in Stahnsdorf bei Berlin und auf der Kriegsschule Dresden. Danach begann er ein ingenieurwissenschaftliches Studium an der Technischen Hochschule Berlin. Durch die beginnenden Kriegsereignisse wurde er jedoch gezwungen, sein Studium bereits im zweiten Semester abzubrechen.

Er war nicht vom „Gesetz zur Befreiung vom Nationalsozialismus und Militarismus" betroffen und wurde abgemagert und entkräftet im Januar 1946 aus einem amerikanischen Kriegsgefangenenlager entlassen.

Wolfgang Pfeil hatte – ebenso wie Helga Braun – erkennen müssen, dass sich sein Lebenswunsch, nämlich an der Technischen Hochschule Berlin examiniert zu werden, um anschließend eine akademische Laufbahn einzuschlagen, unter den vorgefundenen Umständen als Illusion erwies, die es loszulassen galt.

Folglich hatte er sich zunächst irgendeine Arbeitsstelle gesucht, die er in der neu gegründeten Firma seines Jugendfreundes, Klaus Schäfer, fand. Dort wurde er als Ingenieur in der Technischen Betriebsleitung eingestellt und er bildete zusätzlich die Lehrlinge aus.

Hier begegnen sich also die beiden, und sie wissen sehr schnell, dass es eine gemeinsame Zukunft auch mit Kindern geben soll, aber erst dann, wenn man es zu etwas Wohlstand gebracht hat. Beide vermeiden es, alles auf einmal zu wollen: Die Ehe, ein schönes Zuhause, Kinder und ein regelmäßiges Einkommen. Wie soll das bloß gehen? Die Zeiten sind alles andere als stabil, und niemand kann auch nur ansatzweise einschätzen, was die Zukunft bringen wird. Deshalb eins nach dem anderen, in kleinen Schritten das Leben aufbauen, das ist der gemeinsame Plan. Und der nächste machbare Schritt ist die offizielle Verlobung.

Klaus Schaefer schreibt darüber später in einem Leserbrief an die F.A.Z.:

„Dank der vorbildlichen Diskretion der beiden merkte ich nichts, bis bei uns das Brautpaar ... am 1. Januar 1948 im Beisein einiger Gäste, auch der beiden Mütter, ... ihre geschlossene Verlobung gebührend feierte."[5]

Nur, warum so viel Heimlichtuerei um die Liebe von zwei Menschen, die in derselben Firma arbeiten? Helga Braun hat für solche Fälle eine klare Devise, und sie lautet: Bei Liebe kündigen!

Diesen Satz veröffentlicht die Abendpost einige Jahre später als einen ihrer Ratschläge in einem Bildbericht, und der Zeitungsverkäufer ruft immer wieder laut über die Hauptwache:

„Bei Liebe kündigen!"

Sie muss nun flexibel handeln und schnell eine neue Arbeit finden, was sofort gelingt, und zwar wieder als Sekretärin, dieses Mal im „Werbedienst Finni Pfannes". Diese Dame hatte direkt nach Kriegsende nicht nur einen Inseratendienst gegründet, über den sie all jene Gebrauchsgegenstände vermittelt, die eine notleidende Bevölkerung braucht. Sie ist außerdem Vorsitzende beziehungsweise Präsidentin einiger Frauenverbände. Sie residiert mit ihrer Haushälterin in einer Villa im Dichterviertel, das fernab der Innenstadt wenig zerstört worden war, und beschäftigt bereits jetzt achtzehn Angestellte für ihre vielfältigen privaten und beruflichen Aktivitäten.[6]

Der Lebensstil, das Auftreten und die Eleganz dieser Dame verströmen eine Wohlfühl-Atmosphäre, die in krassem Gegensatz zu dem immer noch trostlosen Stadtbild mit meterdicken Schuttbergen und Trümmern steht.

Jedoch verlangt diese Chefin viel von Helga Braun, wie von allen Angestellten. Das zeigt sich beispielsweise am Vorbereiten eines ersten Kongresses des Frankfurter

Frauen-Verbandes im Jahr 1948, an dem 650 Delegierte teilnehmen. Es ist unter anderem sie, die junge Sekretärin, die diese Massenveranstaltung zu organisieren hat. Nur drei Jahre nach Kriegsende ausreichend Unterkünfte in einer immer noch zerstörten Stadt zu finden, ist besonders herausfordernd. Ebenso schwierig ist es, die Verpflegung für mehrere Hundert Menschen in einer Zeit rationierter Lebensmittel zu ermöglichen; dies erfordert einen Kraftakt.[7]

Helga Brauns Zeit dort wird allerdings durch äußere Umstände begrenzt. Schon nach sieben Monaten muss sie erfahren:

„Ich kann Sie nicht mehr bezahlen, Fräulein Braun. Arbeiten Sie doch in den nächsten Monaten ohne Bezahlung für mich!". Auch Finni Pfannes bekommt die Konsequenzen der Währungsreform zu spüren. 1948 wird die Deutsche Mark in den drei westlichen Besatzungszonen eingeführt. Jeder Bürger muss sich umstellen und mit enormen Einbußen zurechtkommen, da er lediglich 40 DM[8] „Kopfgeld" erhält.[9] Das, was jeder noch als Reichsmark-Guthaben auf seinem Sparkonto hat, wird in einem schlechteren Verhältnis umgewertet:

„Dem Kontoinhaber ist für je zehn Reichsmark eines umzuwandelnden Altgeldguthabens eine Deutsche Mark gutzuschreiben."[10]

Letztlich aber sorgt die Deutsche Mark für eine stabile wirtschaftliche Grundlage und der naturale Tauschhandel kommt zum Erliegen.

Der Vorschlag von Finni Pfannes, unentgeltlich zu arbeiten, ist für Helga Braun absurd und sie kündigt, zum großen Bedauern ihrer Chefin, hatte sich ihre Sekretärin doch bereits innerhalb kurzer Zeit umfassend bewährt.

Helga Braun ist also arbeitslos und sie macht sich erneut auf die Suche. Jetzt geht es in erster Linie darum, Geld zu verdienen, Boden unter die Füße zu bekommen, die Risse im Glas zu verschließen, damit man es irgendwann wieder füllen kann.

Fräulein, wo wollen Sie denn hin?

Auf eine Zeitungsanzeige von „Ravenstein Geographische Verlagsanstalt und Druckerei" bewirbt sich Helga Braun 1948 als Chefsekretärin. Ernst Ravenstein lädt alle 27 Bewerberinnen ein, um sie einzeln zu interviewen – sie ist die letzte in der Runde. Im Verlauf des Gesprächs stellt sich heraus, dass er zufälligerweise Professor Nacken kennt, für den sie im Forschungsinstitut gearbeitet hatte. Sie fragt dann, ob sie dem Professor Grüße von ihm bestellen solle.

Offenbar imponiert das Herrn Ravenstein, abgesehen von ihren guten Noten und Referenzen, sodass er sie engagiert, obwohl sie eigentlich noch zu jung für diese Position ist.

Ihre erste Aufgabe besteht darin, einen Beschwerdebrief an den Oberbürgermeister der Stadt Frankfurt zu verfassen. Ihr neuer Chef hatte sich über das Verhalten von zwei Angestellten im Rathaus Römer sehr geärgert. Ernst Ravenstein diktiert einer Sekretärin allerdings nicht, wie sonst üblich, in den Block. Er erwartet von ihr einen selbstständig formulierten Brieftext. Auch wenn Helga Braun darin nicht geübt ist, fällt es ihr dennoch leicht, den passenden Ton zu finden:

„Diesen Brief hätte ich selbst nicht besser schreiben können!" Ihr neuer Chef traut ihr Aufgaben zu, die für eine Frau jener Zeit ungewöhnlich sind:

Der Ravenstein Verlag plant, Autokarten für die Region Schwarzwald und die Vogesen zu drucken, wozu die Druckgenehmigung der französischen Administration benötigt wird. Ernst Ravenstein beauftragt Fräulein Braun damit, das Treffen mit den Franzosen in Offenburg durchzuführen. Er meint, eine attraktive, junge Dame könne dort mehr erreichen als ein älterer Mann, wie es in der Vorgängerfirma üblich gewesen war. Sie lässt Vordrucke von den infrage kommenden Karten anfertigen, um bestens vorbereitet in diese Verhandlung zu gehen. Den Franzosen, überrascht von dieser weiblichen Charme-Offensive, gepaart mit Fachkenntnis, erteilen ihr ohne Einwände die gewünschte Lizenz für den Druck der Karten.

Einmal, als ihr Chef auf Geschäftsreise ist, vereinbart sie selbst feste Gesprächstermine mit den Kunden – ohne Absprache mit ihrem Chef. Ihm ist das recht. Er lässt ihr völlig freie Hand darin, seinen Kalender zu führen. Damit erwirbt sie sich bei den Geschäftspartnern den Ruf einer kompetenten, verlässlichen Ansprechpartnerin, mit der sie direkt verhandeln können. Sie festigt also auf eigene Initiative hin ihre Vertrauensstellung in der Firma.

Ihre Fähigkeit vom Chef her zu denken, Vorgänge zuverlässig fertigzustellen, noch bevor sie von ihr verlangt werden, sich selbst umfangreiche Fachkenntnisse anzueignen und mit Kunden im Sinne ihres Vorgesetzten zu verhandeln, zeigt, wie selbstständig sie diese Position auszufüllen vermag. Und, sie darf es, ihr Chef lässt sie, weil er sich ihrer Kompetenz und Loyalität sicher ist. Damit beeindruckt sie Ernst Ravenstein, sodass er ihr bereits nach wenigen Monaten Prokura erteilt. Das ist für eine Frau bemerkenswert, noch dazu mit erst 23 Jahren. Nur zwei Frauen sind als Prokuristinnen in Frankfurt zu der Zeit bekannt.

Auch wenn Helga Braun selbst ihre Handlungsspielräume als Prokuristin zu nutzen weiß und immer mehr in diese neue Position hineinwächst, heißt das noch lange nicht, dass es ihre Umgebung versteht, mit diesem neuen Frauentypus umzugehen. Das zeigt sich beispielsweise an folgender Episode:

Eines Tages schickt Ernst Ravenstein seine neue Prokuristin zu einer Hauseigentümer-Versammlung in den Römer. Die baulichen Veränderungen am Roßmarkt, wo Familie Ravenstein Liegenschaften besitzt, sollen besprochen werden. Es entgeht ihr keineswegs, wie sie in dem großen Konferenzsaal auch von Oberbürgermeister Walter Kolb streng gemustert wird. Sie ist die einzige Frau inmitten von 200 Männern – dazu noch jung, attraktiv und rothaarig. Der Oberbürgermeister wollte gerade mit seiner Rede beginnen, als er – in der Annahme, sie habe sich verirrt und ihr müsse noch schnell geholfen werden – seinen Sekretär mit der Frage zu ihr schickt:

„Ei, Fräulein, wo wollen Sie denn hin?" Daraufhin händigt sie ihm ihre Visitenkarte mit der Aufschrift aus:

„Chefsekretärin und Prokuristin des Ravenstein'schen Verlags" und entgegnet:

„Ich bin schon da!"

Trotz staunender Blicke von allen Seiten bleibt sie weiterhin standhaft. 200 Männer, die sie angucken, 400 Augen, die sie anstarren – in einer solchen Situation würden die meisten Frauen am liebsten im Erdboden versinken. Nicht so Helga Braun.

Unaufgeregt, ohne sich angegriffen zu fühlen oder empört oder gar zurechtweisend zu reagieren, schafft sie Klarheit, indem sie den Ahnungslosen mit der nötigen Information versorgt. Souverän, ohne jeden – provozierenden – Unterton.

Erstaunen, das ist es, was sie vor allem auslöst. Ihr Auftreten passt nicht in das Schema der Zeit. Auch der Oberbürgermeister offenbart mit seiner Vorgehensweise das übliche Denken. Eine Frau inmitten von Männern, die verhandeln und diskutieren, kann nur eines bedeuten:

Sie muss sich verlaufen haben!

Niemand käme auf den Gedanken, dass eine Frau an diesem Ort ebenso „richtig" sein könnte, wie ein Mann es ist. Die Menschen sind nicht vertraut mit einer Frau, die keinen Zweifel daran aufkommen lässt, gleichgestellt zu sein mit den Männern. Es existieren keine angemessenen Verhaltensmuster dafür, wie mit ihr umzugehen ist.

Dieses Phänomen kommt sogar in hohen politischen Kreisen vor:

Elisabeth Schwarzhaupt, eine promovierte Frankfurter Juristin, wird 1961 als erste Frau für ein Ministeramt der Bundesrepublik vereidigt. In ihrer ersten

Kabinettssitzung fordert sie von Bundeskanzler Konrad Adenauer, nicht begrüßt zu werden mit:

„Guten Morgen, meine Herren!" Er kommentiert ihren Wunsch mit dem überraschenden Satz:

„In diesem Kreise sind auch Sie ein Herr!"[11]

Welch gute Gelegenheit wäre es gewesen, aus dieser unbekannten Situation schrittweise ein neues Verhalten abzuleiten, zum Beispiel mit der Begrüßung:

„Guten Morgen, meine Dame! Guten Morgen, meine Herren!".

Damit hätte eine neue Ära der Ansprache eingeläutet werden können. Stattdessen hält man sich an Vertrautes, ein Weiter-so-wie-bisher, bleibt also rückwärtsgewandt.

Was Fräulein Braun angeht, so blickt sie lernwillig in die Zukunft und ist offen für innovative Wege. Sie erfüllt keine Erwartungen, die aus ihrer Sicht althergebracht sind. Verhaltensunsicherheiten von anderen begegnet sie allerdings; ohne diese zu verprellen und damit womöglich Ablehnung hervorzurufen. Das ist alles andere als leicht. Die wenigen Frauen in höheren Positionen werden eher isoliert, weil sie als eine schwer einschätzbare Konkurrenz für die männlich geprägte Arbeitswelt wahrgenommen werden.

Helga Brauns Ziel ist es jedoch, sich keineswegs jemals demütigen zu lassen, sondern anerkannt und wertgeschätzt zu werden.

*Helga Braun als Chefsekretärin und Prokuristin bei „Ravenstein Geographische Verlagsanstalt und Druckerei"
Frankfurt 1948*

So nach und nach schafft sie Bewusstsein für ein neues Rollen-Modell, weckt Interesse und Neugier dafür. Dies bedarf einer starken Willens- und Überzeugungskraft.

Frauen braucht das Land

In den 1950er-Jahren erlebt die Bundesrepublik einen Nachkriegsboom, den die Bevölkerung als „Wirtschaftswunder" wahrnimmt. Äußerst hilfreich dafür ist ein Konjunkturprogramm, mit dem die USA bedürftigen Staaten, darunter auch Westdeutschland, wieder auf die Beine helfen. Mit diesem „Marshallplan" leisten die USA Hilfen im Wert von insgesamt etwa 130 Milliarden Dollar, West-Deutschland erhält ca. 1,4 Milliarden als Darlehen.[12]

Vor allem aber ist es allen Berufstätigen, die diesen Wiederaufbau leisten, zu verdanken, dass letztlich über Wirtschaftswachstum ein zunehmender Wohlstand für fast alle möglich wird. Die Menschen sind mit 48 – 60 Wochenarbeitsstunden an sechs Tagen ausgelastet, was viele an ihre Belastungsgrenzen führt. Arbeit gibt es über die Jahre genug, in manchen Bereichen herrscht sogar Arbeitskräftemangel. Um diesen auszugleichen, werden ab Ende der 50er-Jahre „Gastarbeiter" aus anderen Ländern angeworben. Diese Dynamik des Wiederaufbaus hätten die Menschen niemals für möglich gehalten.

Die Frauenerwerbstätigkeit nimmt zu, da sie zwingend erforderlich wird, denn Männer sind im Krieg schwer verwundet worden, teilweise arbeitsunfähig oder sie haben auf dem Schlachtfeld ihr Leben lassen müssen beziehungsweise sind noch in Kriegsgefangenschaft.

Diese Lücke im Arbeitskräfteangebot muss jetzt unbedingt auch von den Frauen geschlossen werden. Mit einem Mal wird das Potenzial von Frauen für diesen Bereich erkannt und ausgeschöpft. Allerdings nehmen sie vor allem die Funktion von Platzhalterinnen ein, die nicht anerkannt und wertgeschätzt werden und schon gar nicht gleichwertig entlohnt werden! Sobald die Männer, vielfach erst Jahre später, aus der Gefangenschaft zurückkehren, haben ihnen die Frauen den Platz im Berufsleben wieder frei zu machen.[13]

Die Autonomie, zu der sie kriegsbedingt gezwungen waren, geben sie auf – gewollt oder nicht.

Manche Ehefrau fügt sich dann wieder in diese Rolle der Mutter und Hausfrau, einfach weil „es sich so gehört", sie sich als Hausfrau und Mutter bewähren will, die Bürde einer beruflichen Verantwortung scheut oder auch, weil sie sich mit diesen häuslichen Aufgaben ausgefüllt und wohlfühlt.

So manch andere Frau wiederum fragt sich, warum sie zwar gut genug ist, Arbeit zu leisten, die sonst von Männern zu erfüllen ist, sie für sich und die Familie unvorbereitet die alleinige Verantwortung getragen, jahrelang alle in entbehrungsreichen Zeiten durchgebracht hat – dann aber trotz ihrer Fähigkeiten wieder an „den Herd" zurückgeschickt wird.

Das betrifft auch jene, die schon immer berufsorientiert waren und noch während des Krieges eine fundierte, lückenlose Ausbildung erhalten konnten, ganz im Gegensatz zu den Männern, die in den Krieg ziehen mussten.

Diese Frauen werden sich geradezu vorkommen wie ein „Passepartout", das sich möglichst unauffällig in ein Gesamtbild zu fügen hat und jederzeit auswechselbar ist.

In Frauen, die ihre Lage genau so empfinden, beginnt eine Unzufriedenheit zu gären, die sich viele Jahre später in heftiger Rebellion entlädt und ein Wegbereiter für emanzipatorische Gedanken und Forderungen wird. Und wenn es nicht diese Frauen sind, die rebellieren, dann werden es deren Töchter sein, die in den 60er- und 70er-Jahren auf den Straßen demonstrieren, um dadurch bessere Chancen für das Vereinbaren von Mutter-Sein, Haushaltspflichten und Beruf zu erwirken. Viele möchten es unter keinen Umständen ihren Müttern gleichtun.

Üblicherweise heiratet eine Frau nach ihrem Arbeitseinsatz und widmet sich dann voll und ganz dem Haushalt. Wer aber darauf angewiesen ist, selbst für den Lebensunterhalt zu sorgen, verzichtet meist auf Ehe und Kinder, da sich Beruf und gleichzeitig Familie kaum miteinander verbinden lassen.[14]

Es gibt also ein Leben im Entweder-oder, entweder im Beruf oder als Ehefrau. Das Denken ist schwarz-weiß.

Berufstätig zu sein wurde in dieser Zeit für eine Angestellte demgemäß als reines Übergangsstadium bis zu einer Ehe gewertet, in welcher sie dann finanziell abgesichert war. Jedoch gibt es kriegsbedingt 1946 einige Millionen mehr Frauen als Männer. Somit schwinden in großem Umfang die Chancen für eine Heirat. Dieses Lebensmodell stellt offensichtlich keine Sicherheit mehr dar.

Frauen müssen jetzt wirtschaftlich und finanziell unbedingt gestärkt und ihnen eine der aktuellen Lage entsprechende Autonomie ermöglicht werden.

Das galoppierende Wirtschaftswachstum der 50er-Jahre beschleunigt diese Tendenz, da ständig neue Arbeitsplätze geschaffen und folglich auch weibliche Arbeitskräfte gesucht werden.

Helga Braun begreift diesen Trend als *die* große Chance für Frauen, die sich von dem üblichen Lebensziel einer „Hausfrauenehe" befreien, zudem die eigenen Fähigkeiten in einem Beruf entfalten wollen. Darin möchte Helga Braun Frauen fördern und zu beruflichem Erfolg führen.

Der Anstieg berufstätiger Frauen kommt in der jungen Bundesrepublik hauptsächlich gewerblichen, kaufmännischen und den Büro-Berufen zugute.

Ein Start-up in der jungen Bundesrepublik

Eines Sonntags, als sich Helga Braun in der Zeitung dutzende Inserate von Privatschulen und Studios anschaut, fällt ihr eines auf:

„Erstaunlich, alles können Frauen lernen: Mannequin, Dolmetscherin, Drogistin, Kosmetikerin, Stenotypistin … für alles gibt es eine gründliche Ausbildung, nur nicht für Sekretärinnen!" Ihr Verlobter Wolfgang hört aufmerksam zu:

„Du bist doch selbst so eine Perfekte, warum bildest Du nicht aus?" Dieser Funke entfacht ein Feuer in ihr. Eine Ausbildung für Sekretärinnen – das ist eine hervorragende Idee! Sie weiß inzwischen gut genug, worauf es in diesem Beruf ankommt und dass sich weitaus mehr aus dieser Position machen lässt, als bislang vorstellbar war.

Sie arbeitet folglich einen anspruchsvollen Lehrplan mit dem Ziel aus, weibliche Büroangestellte so weit zu qualifizieren, dass sie den steigenden Ansprüchen im Wirtschaftsleben gerecht werden und infolgedessen besser bezahlte Arbeitsplätze einnehmen können.

Nach zwei Jahren ist ihr modernes Ausbildungskonzept ausgereift, das sie parallel zu ihrer festen Anstellung bei Ravenstein konzipiert hat. In ihrem Prospekt schreibt sie:

„Es wird das Rüstzeug vermittelt, das neben der kaufmännischen Grundausbildung, natürlicher Intelligenz und großer Anpassungsfähigkeit zu den gut bezahlten

und sehr begehrten Positionen der Chef- und Direktions-Sekretärin befähigt. Es ist das Bestreben des Sekretärinnen-Studios, durch modernen, praxisnahen und individuellen Unterricht die Kursteilnehmerinnen dem Idealtyp der Sekretärin möglichst nahe zu bringen, d. h. selbständiges, verantwortungsbewußtes Denken, Beobachtungs- und Kombinationsgabe, Kritikfähigkeit und Organisationstalent zu schulen und die Sicherheit zu vermitteln, die von einer kultivierten und gesellschaftlich gewandten Sekretärin im Berufsleben erwartet wird."
Der Lehrplan umfasst folgende Themen:

– „Bewerbungsschreiben, die Erfolg versprechen,
– persönliche Vorstellung, Einstellungsverhandlungen
– Sekretariatspraxis: Der Organisationsplan, eingehende und ausgehende Post, Diktat, Anmeldung, Telephonverkehr, Vorbereitungsarbeiten für Sitzungen und Geschäftsreisen, Protokollführen, Bürohilfsgeräte, Handhabung von Diktier- geräten, elektrische Schreibmaschinen und Bedienung des Fernschreibers
– Korrespondenz: Das Gesicht des Briefes, Regeln für Maschineschreiben, Sachstil – Wirkungsstil, Privatbriefe im Auftrage des Chefs zum Jubiläum, Geburtstag, Hochzeit usw., gepflegte und natürliche Ausdrucksweise. Titel und Anreden: Universität, Kirche, Diplomatischer Dienst, Regierung und Adel

- Rechtliche Begriffe und Fragen, die einer Sekretärin bekannt sein sollten. Was eine Sekretärin von Steuern wissen muß (Reisekostenabrechnung usw.)
- Umgang mit Landkarten im Büro, Einteilung von Vertreterbezirken. Erfolgsstatistik auf Organisationskarten usw. Kursbuchlesen
- Die gebräuchlichsten Fremdwörter und Abkürzungen im kaufmännischen und technischen Schriftverkehr. Sprach- und Stillehre
- Verhandlungen bei Abwesenheit des Chefs, Umgang mit Besuchern, Umgangsformen – Sicheres Auftreten – Psychologische Probleme aus der Arbeitspraxis.
- Die Reisesekretärin – Internationaler Hotelschlüssel – Leben in einem internationalen Hotel – Auserlesene Speisekarten – Verhalten bei Tisch
- Modeberatung: Das äußere Erscheinungsbild der Sekretärin
- Kosmetik: Dezentes Make-up, Hautdiagnose, Haut- und Körperpflege".

Der Unterricht wird sowohl von Helga Braun selbst als auch von einem Spezialisten-Team durchgeführt: Einem Fachlehrer für Stenografie und Maschine-Schreiben, einem Juristen, einem Betriebsleiter, einem Regierungsrat, einem Ingenieur, einer Sprecherzieherin, einer Diplom-Kosmetikerin.

Die Inhalte ihres Lehrplans werden innerhalb von lediglich 48 Seminar-Stunden vermittelt, und zwar in

Abendkursen nach der Arbeit. Das heißt 1 x 3 Stunden pro Woche, jeweils von 18:30 bis 21:30 Uhr, vier Monate lang.

Mit ihrem Projekt leitet Helga Braun eine systematische Frauenförderung ein, die der Wirtschaft dringend benötigtes, qualifiziertes Personal für dieses Arbeitsgebiet bereitstellt – und das innerhalb kurzer Zeit.

Das Gründungsdatum von Helga Brauns Start-up ist der 5. Dezember 1953. Ihr ehemaliger Chef, Klaus Schaefer, hat ihr einen Raum in seinem Einfamilienhaus in Bockenheim vermietet. Dort lädt sie ihre ersten neun Schülerinnen ein, davon zwei zahlende und sieben nichtzahlende Bekannte. Sie sorgt dafür, dass ihre Idee durch eine gleich anschließende Pressekonferenz publik wird.

Die erste Ausbildungsstätte dieser Art in der jungen Bundesrepublik firmiert unter „Sekretärinnen-Studio Helga Braun". Die Gründerin führt ihre Idee bis zum Ende durch und sie vollbringt mit ihrem Ausbildungskonzept eine Pionierleistung.

Als Angestellte setzt sie weiterhin ihr Arbeitsverhältnis im Verlag fort, denn sie wägt Risiken ab und fragt sich: Kann ich mir meine Idee mit dem Studio überhaupt momentan leisten, ist jetzt der richtige Zeitpunkt dafür? Deshalb bleibt sie sicherheitshalber weiter als Prokuristin angestellt. Zwar ist sie nun doppelt beansprucht, verhandelt aber mit Ernst Ravenstein, dass sie zumindest am Tag ihres Abendkurses – also einmal pro Woche – ausnahmsweise pünktlich Schluss machen kann.

Ihre neue Lage kann sie überblicken und verantworten. Es ist kein riskanter Sprung in eine Selbstständigkeit, bei der man alles auf eine Karte setzt, sondern ein wohldurchdachtes, solides Hineinwachsen.

Das Glas ist abgedichtet – es kann nun Tropfen für Tropfen gefüllt werden.

Etwas Besonderes

für jede kaufmännisch

tätige Dame:

Ein Abend- oder Ferienkursus

in dem bekannten

**SEKRETÄRINNEN-STUDIO
HELGA BRAUN**

Erster Farbprospekt, um 1960

Selbstbestimmt leben

Offensichtlich hat sich Helga Braun durch die Erfahrungen bei ihren drei ungewöhnlichen Vorgesetzten allmählich aus der Position als Chefsekretärin herausentwickelt. Alle haben ihr viel zugetraut und sie mit anspruchsvollen Aufgaben weiter gefördert.

Ernst Ravenstein trug einen wesentlichen Teil dazu bei, indem er Helga Braun Prokura erteilte. Ausgestattet mit solch umfangreichen Handlungsvollmachten und Freiheiten, konnte sie sich hier in einem idealen Umfeld bewegen, das viel Verantwortung und Einflussnahme zuließ. Sie wusste diese Chance zu nutzen und dabei das selbstständige geschäftliche Denken und Handeln zu trainieren. Nicht nur galt es, die erforderlichen Eigenschaften und Fertigkeiten für diese Position zu verfeinern, sondern sie lernte auch das erhebende Gefühl kennen, das mit derartigen Befugnissen einhergeht.

Diese Lehrjahre erleichtern Helga Braun die spätere Selbstständigkeit, und sie entdeckt in dieser Zeit, wie sehr ihr das selbstbestimmte Vorgehen liegt. Alles Bisherige ist deshalb wie ein Vorbereiten auf ihre Zielvorstellung zu werten, nämlich auf eigenes Risiko ihre Ideen zu verwirklichen und auf der Bühne ihres Lebens uneingeschränkt Regie zu führen.

Diese hervorstechende Ausprägung ihrer Persönlichkeit mag nicht nur in ihr angelegt gewesen, dann auch von ihrer Mutter, ihrem Verlobten und ihren Chefs gefördert worden sein, sondern sie wird sich auch durch ihr bisheriges Schicksal maßgeblich verstärkt haben. Was wurde nicht so alles mit ihrem jungen Leben gemacht.

In dem Alter zwischen acht und zwanzig Jahren – also während ihrer gesamten Jugendzeit – wurde ihr eine Diktatur übergestülpt, die ein Mädchen ausschließlich darauf vorbereitete, eine „nationalsozialistische Mutter" zu werden, und sie verpflichtete, dem Staat möglichst viele Kinder zu gebären. Ein System, das eine Frau auf ihre Biologie reduzierte und völlig klarstellte:

„Die Frau gehört ins Haus!" – ein anderer Handlungsspielraum im Leben wurde versperrt, Rechte in einem Berufsleben waren für Frauen nicht vorgesehen.

Sich in Hitlerjugend-Organisationen unterzuordnen, erst bei den „Jungmädels" (10 – 14 Jahre), dann im „Bund Deutscher Mädel (BDM)" (14 – 21 Jahre), war verpflichtend. Dabei hatte sich jedes Mädel mit blauem Rock, weißer Bluse, weißen Söckchen und braunen Schuhen und einem schwarzen Halstuch zu uniformieren.[15] Die Zusammenkünfte und Aufgaben in diesen Bünden beanspruchten praktisch jede freie Minute, die neben der Schule blieb.[16]

All dem hatte sich Helga Braun – wie alle anderen auch – als Heranwachsende unterzuordnen. Die Uniformen, sportliche Ertüchtigungen, Aufmärsche, der Drill, das Nicht-abweichen-Dürfen von der Norm, dieses Gleichmachen, widerstrebten ihr ganz und gar. Sie erkannte sich darin nicht wieder, musste sich folglich eingestehen:

„Ich darf nicht so sein, wie ich bin!", und konnte sich deshalb nicht ihrem Wesen gemäß entfalten. Ihre Jugend hat sie stets als eine „gestohlene" empfunden. Es flossen immer wieder Tränen in dieser Zeit.

Dann kamen Angst und Schrecken unzähliger Bomben-Angriffe auf Frankfurt, während derer sie in Luftschutzkellern ausharrte und um ihr eigenes Leben und das ihrer Mutter bangte. Auch wenn sie noch so sehr versuchte, sich währenddessen mit ihren Chemie-Lehrbüchern abzulenken, blieb doch die Angst ein ständiger Begleiter.

Der Anblick von schwer kriegsversehrten, oftmals verstümmelten Soldaten, die von der Front nach Frankfurt zurückgeschickt worden waren, prägten ihre letzten Jugendjahre. Schicksale, die sie zutiefst berührten. Verzweifelte Frauen trauerten um ihre gefallenen Ehemänner. Spätestens jetzt verstand Helga Braun, dass der übliche Gedanke, eine Ehe als sicheren Hafen für eine Frau zu sehen, unrealistisch war. Auch der frühe Verlust ihres Vaters hatte ihr verdeutlicht, dass ein Mann keineswegs eine Ehefrau lebenslang absichert. Große Verunsicherungen also, wohin sie auch blickte.

Die Trennung von ihrer Mutter, die sie in ihrer zerstörten Heimatstadt während eines Jahres hatte zurücklassen müssen, eine unbewohnbar gewordene mütterliche Wohnung und mehrfache Arbeitslosigkeit waren weitere fremdverursachte Bürden.

Als wäre das nicht alles schon schlimm genug für eine junge Menschenseele, erfuhr sie auch noch vom sinnlosen Tod des 23-jährigen Freundes aus ihrer Jugendzeit, der einige Tage vor Kriegsende auf dem Schlachtfeld gefallen war. Die gemeinsamen Pläne zerplatzten auf grausame Weise ohne eigenes Zutun.

Von all diesen schwerwiegenden, traumatischen Erlebnissen wurde sie in ihrer Kindheit und Jugend heimgesucht. Ihr junges Leben wurde von vielen Faktoren gesteuert, ohne dass sie irgendetwas davon hätte verhindern, gar in ihrem Sinne hätte gestalten können. Mit zwanzig Jahren hatte sie erkennen müssen, dass sie vor den Scherben ihres Lebens steht, sowohl innerlich als auch äußerlich. Genau dieser Moment markiert den Wendepunkt, an dem sie sich geschworen hat, künftig alles nur Menschenmögliche dafür zu tun, sich niemals mehr fremdbestimmen zu lassen, sondern das eigene Leben selbst in die Hand zu nehmen.

Jetzt ist die Zeit gekommen, sich auf das eigene Können zu berufen, auf das zu bauen, was in ihr angelegt ist, denn darauf kann sie sich verlassen. Mit ihrer eigenen Firmengründung hält Helga Braun nun das Steuer in der Hand, um ihrem Leben die von ihr gewünschte Wende zu geben. Sie will selbst entscheiden und ist sich darüber im Klaren, dass auch sie es ist, die ihre eigenen Entschlüsse allein zu verantworten hat. Dazu ist sie bereit und in der Lage.

Das weitere Entfalten ihrer Persönlichkeit wird in besonderer Intensität von ihrem späteren Ehemann Wolfgang begleitet, der ihre Vorhaben stets unterstützt. Als führungsstarker Berater fördert er ihre Ambitionen mit Rat und Tat und achtet auf das richtige Maß.

Die Grundlage für ein selbstbestimmtes Leben hat sich Helga Braun alleine geschaffen.

Publicity von allen Seiten

Die Idee, direkt nach der offiziellen Firmengründung eine Pressekonferenz anzusetzen, stellt sich als ein kluger Schachzug heraus – dieser verursacht nämlich ein Rauschen im Blätterwald! Führende Zeitschriften wie Constanze, Quick, Stern, weitere Frauenmagazine und Zeitungen bringen in den 50er-Jahren immer wieder mehrseitige Bildberichte heraus.

Unbekannt 1954

Weitere Titel versprechen:
„Das Frankfurter Sekretärinnen-Studio bringt gute Engel ins Büro – Weltmacht in Ausbildung – Junge Damen werden in einem Vierteljahr jene Eigenschaften haben, die in den Büros der ganzen Welt Mangelware sind!".

Umso erstaunlicher, dass eine Journalistin – so berichtet später Klaus Schaefer in einem Leserbrief –

„... direkt nach der Pressekonferenz einen sarkastischen Artikel schreibt über das ‚was sich alles heute so Studio nennt' – sie war allerdings gar nicht da gewesen.

Ein Kollege hatte ihr wohl den ‚Waschzettel' gebracht. Aber auch ein kritischer Artikel ist Publicity – Hauptsache, es steht etwas in der Zeitung. Jedenfalls sollte sie sich gewaltig irren in ihrer Einschätzung, wie der außergewöhnliche Erfolg von Helga weiter zeigen wird!"[17]

Die Gründerin lässt sich keineswegs von derartigen Kommentaren beirren. Wer an die Öffentlichkeit geht, muss nun mal Kritik aushalten. Sie bleibt von ihrer Idee absolut überzeugt und hält Kurs.

Auch das Hessische Fernsehen ist während einer Schulung live dabei und sendet 1959 einen informativen Bericht über das, was die Schülerinnen im Sekretärinnen-Studio erwartet.

Die Akzeptanz der Wirtschaft für diese moderne berufliche Ausbildung ist beträchtlich. Das geht schon daraus hervor, dass geeignete Mitarbeiterinnen für diese Maßnahme keinen Urlaub mehr einreichen müssen und sie auf Firmenkosten zu einem Kursus angemeldet werden. Die Nachfrage nach ausgebildeten Kräften für Sekretariate ist mittlerweile schon groß und dürfte weiter ansteigen.

Ein besonderer Stil bei den schriftlichen Bewerbungsunterlagen, den die Gründerin in ihrem Unterricht schult, lässt die Unternehmen zusätzlich aufmerksam werden. Diese Bewerbungen und zahlreiche lobende Presseberichte führen schließlich zu Anmeldungen aus ganz Deutschland.

Die Teilnehmerinnen selbst äußern:

„Mein Chef ist sehr stolz darauf, daß ich Ihren Lehrgang besucht habe. Er läßt mich nun selbständiger arbeiten."

„Bewerbungen nach Ihrer Methode scheinen Wunder zu wirken!"

„Ich glaube nicht, daß es mir ohne diesen Kursus gelungen wäre, in meinem Beruf so weit voranzukommen."

„Obwohl ich nicht Sekretärin, sondern selbständige Unternehmerin bin, hat mir Ihr Kursus viele Anregungen vermittelt. Begeistert bin ich von der Verhandlungstechnik, die ich schon oft nutzbringend verwertet habe."

Die Schülerinnen nehmen nicht nur am Unterricht teil, sondern sie sind ebenso Multiplikatorinnen, die ihren Kolleginnen am Arbeitsplatz von dem neu erworbenen Wissen berichten und somit in ihren Unternehmen für das Studio Reklame machen.

Außerdem bietet Helga Braun in ihrem Büro Sprechstunden an. Im Rahmen dieser Zeitfenster können Interessentinnen ohne Termin an die Tür klopfen und sich individuell für ihr berufliches Weiterkommen beraten lassen – eine „Karriereberatung", kostenlos! Das spricht sich herum. Selbstverständlich ist dieser Service mit dem Ziel verbunden, Sekretärinnen als zahlende Teilnehmerinnen zu gewinnen.

Helga Braun hat offensichtlich eine Marktlücke entdeckt und diese mit ihrem praxisgerechten Schulungsangebot inhaltlich zu füllen verstanden. Hinzu kommt, dass Menschen in Zeiten von Umbrüchen, wie in den

Nachkriegsjahren, eine besonders ausgeprägte Sehnsucht nach Orientierung, nach Vorbildern und Leitfiguren haben. Das wirkt sich in der jungen Bundesrepublik insbesondere auf das neue Lebensmodell der „Frau im Beruf" aus. Helga Braun schließt also diese Lücke nicht nur inhaltlich für eine bestimmte Berufsgruppe, sondern ebenso durch ihre Person in Form eines Vorbildes. Dieses Bedürfnis jener Jahre nach neuen Maßstäben gibt dem Erfolg des Studios zusätzlich Auftrieb.

Die Nachfrage nimmt binnen kurzem einen derartigen Umfang an, dass es sich die Gründerin bereits 1955 leisten kann, ihre Stelle bei Ravenstein aufzugeben, um ausschließlich Sekretärinnen auszubilden. Die Kapazität der Abendkurse reicht bald nicht mehr aus, sodass sie zusätzlich „Ferienkurse" außerhalb Frankfurts einrichtet, in denen sie die Lehrinhalte auf eine Woche komprimiert.

Abgesehen von ihrem Ziel, mit dem Studio zu expandieren, sieht sie mit ihrer Kündigung endlich die Chance gekommen, autark ihren beruflichen Weg zu gestalten. Eine Arbeitsstelle aufzugeben, um sich zu verändern oder zu heiraten, ist nichts Ungewöhnliches. Allerdings, um dann selbstständig tätig zu sein, schon – zumal für eine Frau.

Ihr Erfolgskonzept macht längst Schule. So sieht sie sich veranlasst, den nachfolgenden Text zu veröffentlichen:

„In den letzten Jahren sind einige Institutionen dazu übergegangen, den 1953 von Frau Pfeil-Braun für ihre

Ausbildungsstätte geprägten Namen Sekretärinnen-Studio ebenso zu übernehmen wie auch Themen aus dem Lehrplan. Es wird daher besonders darauf hingewiesen, daß Frau Pfeil-Braun keinerlei Filialen unterhält und daß lediglich im Sekretärinnen-Studio in Frankfurt und in den Ferienkursen im Taunus nach der erfolgreichen ‚Braun-Methode' gelehrt wird!".

Die Bedingung

1954, ein Jahr nach der Firmengründung und sieben Jahre nach der Verlobung, macht Wolfgang Pfeil seiner Braut einen Heiratsantrag. Helga Braun willigt unter einer Bedingung in eine Ehe ein:

„Ich will Dich gerne heiraten, aber Du musst mir erlauben, dass ich mein Leben lang arbeiten und eigenständig sein darf!" Sie erwartet von einem Ehemann, als gleichberechtigt anerkannt zu werden. Diese Bedingung zu stellen, ist tatsächlich erforderlich.

Bereits seit 1949 steht im Grundgesetz:

„Männer und Frauen sind gleichberechtigt."[18] Damit sind zwar Weichen in diese Richtung gestellt worden, doch ist diese Idee noch lange nicht in den Köpfen der Menschen verankert. Nach Kriegsende gelten weiterhin, was Mann und Frau angeht, Denkmuster aus der Kaiserzeit, gefestigt durch das Bürgerliche Gesetzbuch aus dem Jahr 1896:

Der Mann ist Oberhaupt der Familie mit alleiniger Entscheidungsbefugnis. Ein Ehemann muss zustimmen, falls seine Frau berufstätig sein möchte, oder anders formuliert, er kann es ihr verbieten. Schließlich ist die Ehefrau verpflichtet, den Haushalt zu führen.[19] Auch darf eine Frau nur dann ein Bankkonto eröffnen, wenn ihr Ehemann einwilligt.

Da die Berufstätigkeit für Frauen als reine Überbrückungszeit bis zur Ehe betrachtet wird, gibt es Arbeitsverträge, in denen Folgendes vermerkt ist:

Ab dem Zeitpunkt einer Eheschließung mit einem Mann, der im Erwerbsleben steht, endet das Arbeitsverhältnis mit der Mitarbeiterin automatisch ohne Kündigung. Nicht nur, weil sie sich dem Haushalt und zu erwartenden Kindern widmen soll, sondern auch weil Doppelverdiener vielfach als unsozial gelten.[20]

So manche Frau äußert:

„Schön blöd zu arbeiten, wenn man es doch gar nicht mehr nötig hat!"

Wie eine Frau zu sein hat, um in der Gesellschaft anerkannt zu sein – nicht nur von Männern, sondern auch von Frauen –, überzeugt Helga Braun ganz und gar nicht. Dieses 3-K-Modell, nämlich Kinder, Küche, möglichst auch Kirche, das Frauen immer wieder als der Lebensinhalt schlechthin suggeriert wird, entspricht weder ihrer Wesensart noch ihrer Ausbildung, und sie findet sich damit nicht ab.

Auch auf den Moment zu warten, bis Männer und Frauen tatsächlich gleichberechtigt sind, erscheint utopisch. Bis dahin könnte ihr eigenes Leben bereits vorbei sein! Warum nur sollte sie ihr Lebensglück davon abhängig machen, was vielleicht irgendwann einmal von außen „geregelt" wird? Nein, sie muss jetzt ihre Ideen durchsetzen, zeigen, wie es gehen kann, auch ohne geeignete Rahmenbedingungen.

Da sie längst gezeigt hat, wie eigenverantwortlich sie arbeitet, hält sie es für falsch, ihr Licht unter den Scheffel zustellen. Hin und wieder hatte sie Frauen erlebt, die sich im Beruf bestens qualifiziert hatten, sich nach ihrer Heirat jedoch in etwas anderes verwandeln ließen, als sie eigentlich waren. Diesem Muster fügt sich Helga Braun jedenfalls nicht.

Nur ein Mann, der seinerseits eine selbstbewusste Persönlichkeit ist und seiner Frau nicht vorschreibt, was sie zu tun hat, kommt für sie infrage. Zudem wären Konflikte programmiert, falls er ihr den Erfolg nicht gönnt, sich gar durch seine beruflich erfolgreiche Frau minderwertig fühlt, die möglicherweise irgendwann ein höheres Einkommen erzielte als er selbst.

Wie sehr dieses Thema auch heutzutage Paare beschäftigt, geht aus einer Studie aus dem Jahr 2020 hervor, die in einem Artikel der F.A.S. zitiert wird. Sie belegt, dass die meisten Paare in Deutschland dann am glücklichsten sind, wenn der Mann der Hauptverdiener ist und die Frau hinzuverdient. Bei etwa einem Viertel der Paare verdient die (Karriere-) Frau mehr als der Mann. Beide sind mit dieser Situation unzufrieden. Damit sich der Mann nicht zurückgesetzt fühlt, werden in Umfragen von Paaren teilweise niedrigere Angaben über das tatsächliche Einkommen der Frau gemacht.[21]

Mit der offen dargelegten Bedingung, selbstständig arbeiten zu wollen, schenkt Helga Braun ihrem künftigen Ehemann reinen Wein ein. Sie tut nicht so, als würde sie sich den üblichen Erwartungen an eine Ehefrau anpassen, sondern sie steht selbstbewusst zu ihrem Verständnis der Lage.

Darüber hinaus wird eine weitere Facette ihrer nicht konformen Mentalität deutlich sichtbar:

Zum einen ist sie nicht darauf *angewiesen*, einen Mann zu finden, um dadurch versorgt zu sein. Sie ist in der Lage, sich selbst zu versorgen. Zum anderen will sie keine Frau sein, die vom Ansehen eines *Mannes* lebt. Sie selbst sorgt für ihr eigenes Ansehen.

Wolfgang Pfeil wiederum weiß mit all diesen Hinweisen ganz genau, worauf er sich einlässt und muss nicht mit Überraschendem rechnen. Auch ist sein Frauenbild nicht in der Weise geprägt worden, dass Frauen den Haushalt zu versorgen haben und am Herd stehen.

In seinem Elternhaus, einer Villa im Frankfurter Westend, lebten mehrere Generationen seiner Familie. Für das leibliche Wohlergehen sorgte eine angestellte Köchin. Seine Mutter war eine gebildete „höhere Tochter", also eine Frau aus gutbürgerlichen Verhältnissen, die zwar nicht berufstätig war, aber auch keine Hausfrau. Sie überwachte vielmehr den Haushalt, sorgte für die Erziehung der Kinder, den Zusammenhalt der Familie, das Wohlergehen des Ehemannes, und sie hatte außerdem repräsentative Aufgaben.

Wolfgang Pfeil akzeptiert voll und ganz das Rollen-Modell seiner Verlobten. Nicht nur das, er bewundert sie sogar für ihre Erfolge. So ist es verständlich, dass er keinerlei Einwände gegen ihre Bedingung hat und sich gerne darauf einlässt. Helga Braun verspricht ihm, den Haushalt zu organisieren, sich um ein gesellschaftliches Leben und schöne Reisen – irgendwann einmal – zu kümmern.

Beide begegnen sich folglich auf Augenhöhe. Allerdings nicht dahingehend, dass er den Kinderwagen schiebt – dazu ist er zu sehr ein „Herr der alten Schule". Aber er beteiligt sich engagiert und liebevoll an der Kindererziehung und ist ein richtungsweisender und ausgleichender Gesprächspartner für seine Frau.

Mit der Heirat muss Helga Braun ihren Nachnamen ändern, denn der Name des Mannes gehört nun hinter den Vornamen. Da sie aber mit ihrem Mädchennamen ihr erfolgreiches Studio eröffnet hat und damit bekannt geworden ist, möchte sie ihn keineswegs verlieren. Sie darf ihn mit einem Bindestrich versehen anhängen. Sie heißt nun also nicht etwa:

Helga Braun Bindestrich Pfeil, sondern Helga Pfeil-Braun[22].

Einige Jahre nach der Heirat kommen erst ein Sohn, dann eine Tochter auf die Welt. Spätestens jetzt wäre es in der Bundesrepublik jener Jahre für Frauen üblich, ihren Beruf an den Nagel zu hängen. Es sei denn, der Ehemann hat eine Firma, eine Arztpraxis oder Ähnliches, in der sie mitarbeitet. Oder aber, der Verdienst des Mannes reicht nicht aus und sie ist mehr oder weniger gezwungen mitzuverdienen.

Selbst in der Fernseh-Werbung offenbart sich der Zeitgeist unmissverständlich. Sie suggeriert der Frau, wo ihr Platz ist und wann sie ein reines Gewissen haben darf, nämlich dann, wenn der Haushalt blitzblank, die Wäsche rein ist und sie ihren Gatten an einem gepflegten Abendbrottisch mit wohlerzogenen Kindern empfängt – und einem strahlenden Lächeln.

Ihren Beruf wegen der häuslichen Sorgearbeit aufzugeben, käme Helga Pfeil-Braun niemals in den Sinn. Schon deshalb nicht, weil ihr bewusst ist, dass ein längeres Fernbleiben vom Beruf einer Karriere schaden oder diese sogar beenden kann.

Helga Pfeil-Braun erklärt der Schauspielerin Sonja Ziemann wie eine „echte" Sekretärin tippt. Alle Kursteilnehmerinnen des Studios waren von Prisma Filmverleih GmbH als Gäste zu Dreharbeiten eingeladen worden Frankfurt 1956

Eine Schule fürs Leben

Die gängige Meinung über eine Sekretärin lässt sich wie folgt zusammenfassen:

Sie ist zum Tippen da, Steno kann sie auch. Ansonsten kocht sie Kaffee, lackiert sich die Fingernägel und heiratet schließlich ihren Chef.

Kinofilme wie „Dany, bitte schreiben Sie" mit Sonja Ziemann und Rudolf Prack aus dem Jahr 1956 bedienen dieses Klischee:

Die kleine, kesse Sekretärin Dany umgarnt ihren Chef so lange, bis sie ihn fest am Ehering hat und – natürlich – ihren Beruf aufgibt.

Ein solches Vorurteil schadet diesem Berufsstand enorm, denn es konserviert ein einseitiges Frauenbild. Helga Pfeil-Braun ist entschlossen, dem entgegenzuwirken. Auch von einem Flirt im Büro hält sie absolut nichts. Sie meint, die Frau ist bei solchen Dingen immer die Verliererin. Und Mädchen, die ihre Karriere auf Sex aufbauen wollen, kommen erst gar nicht zu ihr ins Studio.

Bei einer Befragung von Chefs, wie sie sich eine perfekte Sekretärin vorstellen, war die eindeutige Antwort:

„Sie muss mich entlasten und verlässlich sein!"

Nach wie vor werden in ihrer Schule Stenografie und Maschineschreiben mit dem Zehnfingersystem zum Blindschreiben trainiert. Aber für ein überzeugendes Auftreten im Beruf muss zunächst ein solides Selbstbewusstsein aufgebaut werden. Anfang der 50er-Jahre ist es für eine berufstätige Frau keineswegs selbstverständlich, in einem Bewerbungsschreiben oder während eines Vorstellungsgesprächs die eigenen Vorzüge ins rechte Licht zu rücken. Zurückhaltend und bescheiden hatte sie sich bisher zu verhalten. In dieser Berufsgruppe ist sie es gewohnt, die Order zu empfangen:

„Fräulein, bitte zum Diktat!", um unverzüglich mit gespitztem Bleistift und Stenoblock bei ihrem Vorgesetzten zu erscheinen, schweigend das Diktat in Form eines Stenogramms aufzunehmen und anschließend in die Maschine zu übertragen. Etliche arbeiten in einer solch untergeordneten Stelle, aus der sie herauskommen möchten. Deshalb wird das geschickte Verhandeln bei Vorstellungsgesprächen eingeübt. Jedes Gespräch wird mit Diktafon aufgenommen und anschließend motivierend besprochen.

Telefonieren will ebenfalls geübt sein. Manche reagieren viel zu schüchtern und verlegen, sodass sie vom Anrufer gar nicht ernst genommen werden. Auf jede Frage muss eine klare Antwort gegeben werden, und zwar in verbindlichem Ton. Die Stimme wird deshalb genauso geschult. Die Teilnehmerinnen können sich mit Übungstelefonen gegenseitig anrufen.

Die Schulungsleiterin macht plausibel, dass eine perfekte Sekretärin noch viel mehr können muss. Sie erklärt dazu, dass…

„… neben den rein fachlichen Themen größter Wert auf die Pflege gesellschaftlicher Umgangsformen gelegt

*Helga Pfeil-Braun
Ein neuer Frauentypus:
Firmengründerin, Ehefrau und Mutter
1961*

wird, für die im rein beruflichen Leben besondere Gesetze gelten." Dazu gehören:

Besucherempfang und -bewirtung, Verhalten bei Tisch – zum Beispiel während eines Arbeitsessens, das Verstehen von Speisekarten – auch international, falls die Sekretärin auf Geschäftsreisen mit dabei ist. Psychologische Kenntnisse sind erforderlich, um dadurch positiv auf das Betriebsklima einwirken zu können. Das gepflegte äußere Erscheinungsbild mit einem unaufdringlichen Make-up rundet ein sicheres Auftreten ab.

Dass es zum Erscheinungsbild einer Sekretärin passt, modisch gekleidet zu sein und sich dezent zu schminken, kommt üblicherweise gut an. Einige Wenige, die noch bis in die 50er-Jahre hinein den Satz:

„Eine deutsche Frau schminkt sich nicht!" verinnerlicht haben, werden behutsam an dieses neue Thema herangeführt. Manche Teilnehmerin muss sogar noch davon überzeugt werden, dass ein Deodorant ein Muss ist. Eine Sekretärin hat weder eine graue Maus zu sein, noch darf sie sich besonders aufreizend zurechtmachen. Sie soll keine grell lackierten Fingernägel haben, auch nicht als große Dame auftreten, die erwartet, dass ihr die Tür geöffnet wird.

In späteren Jahren, als es für berufstätige Frauen selbstverständlich geworden ist, Make-up zu verwenden, finden regelmäßig Typberatungen und Produkt-Präsentationen von Inge Kobberger – Drogerie und Parfümerie Kobberger in Frankfurt – statt.

Schmink-Unterricht 1963

Ein weiteres Thema heißt:

„Wenn der Chef Gäste hat". Die Sekretärin soll in der Lage sein, jenseits ihrer fachlichen Aufgaben zu bewirten. Nicht nur mit Kaffee, sondern auch mit kleinen Mahlzeiten und Drinks, um in den Konferenzpausen für das Wohlergehen der Gäste zu sorgen. Die Teilnehmerinnen werden darin unterwiesen, wie sie schnell ein kleines Gericht am Arbeitsplatz zubereiten können, und zwar mit geringem Aufwand.

Den Aufwand zu reduzieren, wird für berufstätige Frauen ebenso in ihrem privaten Leben immer wichtiger. Die Seminarleiterin erkennt, wie sehr sich berufstätige Frauen abhetzen, wenn sie bis zum Geschäftsschluss um 18:30 Uhr noch einkaufen und dann für die Familie zu Hause frisch kochen müssen. Etliche Frauen sind von althergebrachten Denk- und Verhaltensmustern bestimmt, die nicht mehr zu den modernen beruflichen Erfordernissen passen. Privaten und steigenden beruflichen Erwartungen und Ansprüchen zu genügen, bringt viele unter Druck.

Helga Pfeil-Braun zeigt Lösungswege dafür auf, wie dieser Stress reduziert werden kann:

Moderne Küchengeräte, Eingefrorenes und Fertiggerichte vereinfachen das Kochen. Ihre neumodischen Tipps treffen nicht bei jeder Sekretärin auf offene Ohren:

„So etwas kann ich doch nicht meinem Mann vorsetzen!" Damit sich die Teilnehmerinnen ein realistisches Bild davon machen können, was es mit Tütensuppen und

*Kostproben im Maggi-Kochstudio
Frankfurt 1963*

-soßen auf sich hat, wird ihnen nicht nur ein Tipp serviert, sondern sie probieren es im „Maggi-Kochstudio" selbst aus. Einige werden positiv überrascht.

Heutzutage versorgen sich Berufstätige oftmals mit einem Fertiggericht oder sie lassen sich die Zutaten für ein Menü liefern. Lebensmittel-Lieferdienste bringen warme Speisen an jeden gewünschten Ort, erleben aktuell eine immense Nachfrage mit steigender Tendenz. Diese damals gerne belächelte Zubereitungsart, die „schnelle Küche", hat sich offensichtlich dank stetig verbesserter Inhaltsstoffe einen lukrativen Markt erobert.

Nachdem sich dieses Thema im Laufe der Jahre durchgesetzt hat, erhalten die Kursteilnehmerinnen stattdessen Einblicke in ein Luxus-Segment der Gastronomie und Hotellerie. Im eleganten „Hotel Hessischer Hof" werden sie durch Führungen, Vorträge und ein kleines Menü mit dieser feinen, aufmerksamen Art der „Gästebewirtung" vertraut gemacht. Sekretärinnen haben auf den Top-Führungsebenen in den Unternehmen und Banken für ihre Chefs, die in Hotels dieser Kategorie wohnen, die Geschäftsreisen zu organisieren. Auf diese Weise wird ihnen das Ambiente solcher Hotels und deren hoher Anspruch an eine Dienstleistung nahegebracht.

Alle Themen im Studio werden also sehr plastisch, praxisbezogen und damit einprägsam vermittelt. Dadurch ist es möglich, die Menge des Stoffs in der eng begrenzten Zeit zu bewältigen und das Interesse der Lernenden wach zu halten.

Helga Pfeil-Braun erklärt die Funktionsweise
moderner Diktiertechnik
1963

Nach Abschluss eines Abend- oder Ferienkurses unterzieht sich jede Kursteilnehmerin einer mündlichen Prüfung, um das Studio-Zertifikat zu erlangen. Damit erhält sie den Nachweis für eine Schulung in moderner Sekretariatspraxis – ohne Note, aber mit Erfolgsvermerk.

Das Angebot wird in den folgenden Jahren erweitert, indem sich jede Teilnehmerin freiwillig einer Sekretärinnen-Fachprüfung unterziehen kann und den Abschluss „Geprüfte Sekretärin" mit Einzelnoten und Gesamtnote erhält. Den Vorsitz hat der Deutsche Sekretärinnen-Verband, das Sekretärinnen-Studio steht unter Aufsicht der staatlichen Schulbehörde.

Genau dort, wo im Jahr 1908 Kurse für Stenotypistinnen in Deutschland eingeführt wurden, finden jetzt die Sekretärinnen-Prüfungen statt, nämlich in der ältesten Schreibmaschinen-Fabrik Deutschlands, den Adler-Werken Frankfurt in der Gutleutstraße.

Der Kursus im Studio bereitet die Sekretärinnen auf sämtliche Prüfungsfächer vor, außer Stenografie und Maschineschreiben, denn das können sie bereits, sie üben nur noch unter Anleitung eines Fachlehrers die Geschwindigkeit in den Adler-Werken.

Um den Abschluss zu erlangen, werden folgende Anforderungen an die Prüflinge gestellt:

2 x 5 Min. 160 Silben Stenografie – 10 Min. Abschreibprobe (mind. 2800 Anschläge) – selbstständiges Abfassen eines Geschäftsbriefes nach DIN 5008 – Diktat in die Maschine (10 Min.) – Brieftext mit Fremdwörtern

*Prüfungsvorbereitung in den Adler-Werken
Frankfurt 1963*

– Glückwunsch- oder Kondolenzschreiben (25 Min.) – Protokoll über eine Verhandlung von circa 15 Min. – je 6 Fragen zu Sekretariatspraxis, Bürotechnik, Reisekostenabrechnung und kaufmännischem Wissen, die in der mündlichen Prüfung vertieft werden.

Ab 1963 wird die Prüfung nach neuen Richtlinien abgenommen, indem Situationsaufgaben ein größeres Gewicht beigemessen wird. Sie lassen noch mehr als bisher die wichtigen Sekretärinnen-Eigenschaften erkennen, wie beispielsweise Gedächtnis- und Reaktionsvermögen.

„Ganz neu und in Deutschland bisher einmalig ist ferner die psychologische Eignungsuntersuchung, deren Ergebnis durch einen Vermerk über die Anpassungsfähigkeit der Geprüften im Diplom erwähnt wird."[23]

Neben den fachlichen Themen weist Helga Pfeil-Braun auf das geeignete Selbstverständnis in einer solchen Position hin:

„Eine Sekretärin, die diesen Titel verdient, erkennt man daran, dass sie ihre Arbeitskraft nicht nach Stunden vermietet, sondern daß sie in ihrem Beruf aufgeht – trotz aller Privatinteressen. Arbeiten Sie Tag für Tag an ihrer Persönlichkeit. Stellen Sie sich nicht auf den Standpunkt ‚Das habe ich doch nicht mehr nötig!'. Wenn Sie also wirklich höchsten Anforderungen gerecht werden wollen – und als Sekretärin müssen sie es –, dann seien Sie ehrlich genug, sich selbst Ihre Wissenslücken einzugestehen und bemühen Sie sich, diese Wissenslücken zu schließen! Es ist nie zu spät dazu!"

Nicht alle Menschen vertreten diesen Standpunkt. Sie meinen viel eher, man mache eine Lehre und habe damit für immer „ausgelernt". Auch als Frau in einem Beruf Erfüllung zu finden, ihm damit einen hohen Stellenwert im Leben einzuräumen, ist keineswegs selbstverständlich.

Obwohl die Inhalte umfangreich und anspruchsvoll sind, macht der Unterricht trotzdem Spaß. Das Lernen fällt ganz leicht. Es gibt keinen Drill, kein Sie-müssen-Leistung-bringen, sondern die Teilnehmerinnen werden sanft zu den Unterrichtszielen hingeführt.

Eine Journalistin der F.A.Z., die 1968 einen Ferienkursus besucht, schreibt über Helga Pfeil-Braun:

„An ihr wird wieder einmal klar, daß nichts so überzeugend wirkt wie Vorbild. Sie hat eine starke pädagogische Begabung und den Takt, den sie mit Recht so hoch ansetzt."[24]

Die Abendkurse sind schon bald mit jeweils 30 Teilnehmerinnen auf Monate hinaus ausgebucht, sodass zusätzlich Wochenkurse außerhalb Frankfurts im Angebot sind. An diesen Ferienkursen, die inzwischen bis zu siebenmal pro Jahr stattfinden, nehmen jeweils etwa 50 Frauen teil. Nicht nur Stenotypistinnen oder junge Sekretärinnen, sondern auch erfahrene Chefsekretärinnen, Abteilungsleiterinnen oder Chefinnen, die im Betrieb des Ehemannes mitarbeiten.

Helga Pfeil-Braun ist bei dieser stetig steigenden Nachfrage ihrer Kurse zeitlich stark beansprucht. Zehn Stunden pro Tag sind das Minimum, oftmals werden es

*Einige Kursteilnehmerinnen bummeln vergnügt
über den Opernplatz
in Frankfurt 1963*

sechzehn. Sogar während der Ferienkurse hält die Schulungsleiterin keinen offiziell vorgesehenen 8-Stunden-Tag ein. Nach dem Unterricht bietet sie meist bis Mitternacht in einem gemütlichen, kleinen Hotel-Lesezimmer ihre Sprechstunden an.

Genauso wenig gucken die Teilnehmerinnen auf die Uhr, stattdessen zeigen sie ein unermüdliches Interesse. Dieses wird zusätzlich durch einen Ausflug mit dem Bus nach Frankfurt in die Adler-Werke wachgehalten. Während einer Führung lernen die Teilnehmerinnen die neuesten Büromaschinen und die rationelle Arbeitsweise eines solchen Großbetriebes kennen. Sie werden mittels praktischer Beispiele auf den aktuellen Stand der Technik gebracht, erhalten also weitere Impulse für Ihre Arbeit. Diese Art der Präsentation wird später bei der „Deutschen Post" fortgesetzt.

Anschließend bummeln die Teilnehmerinnen des Ferienkurses gemeinsam gutgelaunt durch die Innenstadt.

Der Unterrichtsraum für die Abendkurse in der Blanchardstraße ist inzwischen zu klein geworden. Helga Pfeil-Braun hat einen Schulungsraum am Roßmarkt 7 in einem Ravestein'schen Haus modern gestaltet, der mit einer Wendeltreppe zu ihrer Privatwohnung obendrüber verbunden ist. Er ist in den Farben Weiß, Schwarz, Rot gehalten, angelehnt an das Farbmuster eines Stenoblocks. Eine „Wellness-Atmosphäre" in Räumen dieser Art zu verbreiten ist etwas Neues. Eine Sekretärin bemerkt dazu:

„Die Müdigkeit des Arbeitstages ist verflogen, sobald man in dem hübschen Unterrichtsraum sitzt!". Und von weiteren Teilnehmerinnen ist zu erfahren:

„Endlich mal keine blasse Theorie."

„Die praxisnahe Arbeit lässt das Lernen zum Vergnügen werden."

„Die einzelnen Themen werden so lebendig gebracht und sind – besonders auf dem Gebiet der Sekretariatspraxis, das Frau Braun behandelt – mit so viel lehrreichen, persönlichen Erlebnissen versehen, daß sich alle Hinweise und Tips spielend leicht einprägen."

„Eine Schulung bei Frau Braun ist viel mehr als das Lernen für die Arbeit. Es ist eine Schule fürs Leben!"

*Helga Pfeil-Braun überreicht einer Absolventin
der Sekretärinnen-Fachprüfung das Diplom mit dem
Vermerk: „Geprüfte Sekretärin"
1963*

Top Tipps im Klartext

„Haben Sie nicht eine Schwester? Genauso jemanden wie Sie suchen wir!"

Diesen Satz bekam Helga Braun immer wieder von Geschäftspartnern zu hören, die sie in ihrem beruflichen Wirken erlebten, als sie noch im Ravenstein Verlag tätig war. Was machte sie eigentlich schon damals anders als die anderen, sodass es auffiel? Das veranlasste sie seinerzeit, sich Arbeitsplätze in anderen Unternehmen genauer anzusehen. Dort entdeckte sie viele Mängel:

So manch fleißige Stenotypistin versteht zwar ihr Handwerk, hat aber kein repräsentatives Auftreten. Eine andere Sekretärin wiederum arbeitet unzuverlässig, liest ihre Briefe nicht mehr Korrektur, verwechselt die Anlagen, lässt gar ihre schlechte Laune heraus und verdirbt damit die Arbeitsatmosphäre, oder sie zeigt zu viel Erotik am Arbeitsplatz mit unangemessener Kleidung. Auf diese Weise kommen Frauen beruflich auf keinen grünen Zweig. Sie stehen sich selbst im Weg und erkennen ihre Fehler nicht.

In dieses heterogenen Bild, das Helga Pfeil-Braun von Frauen in Büroberufen bekommen hat, möchte sie mit ihrem Ausbildungskonzept eine Grundstruktur einführen, an der sich alle orientieren können. Insbesondere hält sie es für notwendig, zu selbstständigem Denken anzuregen und sie erklärt:

„Wenn Ihr Euch nicht ändert, dann ändert sich auch nichts an Eurer Position!"

Dieser Hinweis öffnet die Augen. Deutlich zu machen, dass eine Sekretärin initiativ sein muss und nicht ihr Schicksal in die Hände eines Vorgesetzten legen darf, auf dessen Anweisungen sie passiv wartet, überrascht. Umso wichtiger, neue Gedankenanstöße und praktische Tipps auch über Bücher zu verbreiten.

Helga Pfeil-Braun beginnt Ideen für ein erstes Fachbuch zusammenzutragen, für das sie auf die beruflichen Anfänge bei Klaus Schaefer zurückgreifen kann. Dort wurde ihr schnell klar, was ein Chef braucht, nämlich „Entlastung". Die Voraussetzung dafür ist ein „Vom-Chefher-Denken". Das zeigt, wie stark diese Position personenbezogen ist, im Gegensatz zur Sachbearbeitung, wo es nur um das Sachgebiet geht. Das wirkt sich zum Beispiel auf den Zeitplan aus. Es gehört zum Wesen dieser Position, ständig unterbrochen zu werden und gegebenenfalls neu zu priorisieren. Ein festgelegtes zeitliches Konzept, das einer Sachbearbeiterin eher gelingt, wird eine Sekretärin kaum durchhalten können. Die meiste Zeit des Tages sollte für Unvorhergesehenes verfügbar bleiben.

Diese und viele weitere Erkenntnisse, die sie in ihrer beruflichen Praxis gewinnen konnte, sind in dem Buch „Chefentlastung durch die gute Sekretärin" als wegweisende Tipps zu lesen.

Helga Pfeil-Braun erkennt den Bedarf an Lesestoff und wendet sich folglich einem weiteren Projekt zu:

„So werden Sie Chefsekretärin!" heißt das nächste Buch, in dem sie das Berufsbild „Sekretärin" um das der „Chefsekretärin" erweitert.

Und wie kommt sie auf die nächste Buch-Idee? Bereits im Hause von Finni Pfannes begegnete sie ständig Gästen, ebenso bei Ernst Ravenstein, der viele Geschäftspartner empfing, und immer wieder war man sich unsicher, wie diese Besucher korrekt anzureden sind. Ist der Doktorgrad Bestandteil des Nachnamens, entfällt bei einem Professoren-Titel der Doktor in der Anrede, gibt es Unterschiede in der persönlichen Anrede und im Brief, wie verhält es sich mit Adelsnamen? Und so weiter.

Über Titel und Anredeformen ist nichts auf dem Buch-Markt zu finden, aber es besteht großes Interesse an diesem Thema. Ihr nächstes Vorhaben liegt also auf der Hand:

„Das große Anredenbuch", das sie gemeinsam mit der damaligen Stadtverordneten Inge Sollwedel[25] verfasst. Diese umfangreiche Recherche-Arbeit wird das begehrte Standardwerk für Titel und Anreden im ganzen Land. Kaum ein anspruchsvolles Sekretariat kommt mehr ohne dieses Nachschlagwerk aus, in dem auch gelegentlich die Chefs blättern.[26]

Das Interesse an korrekten Titeln und Anredeformen ist heute nach wie vor groß. Das Bundesministerium des Innern hat den „Ratgeber für Anschriften und Anreden" zusammengestellt. Er ist als Download unter www.protokoll-inland.de verfügbar.

Den Fragen rund um das selbstständige Verfassen von Geschäftskorrespondenz und Briefen zu besonderen Gelegenheiten, wie Glückwünsche, Einladungen, Kondolenz, widmet sie sich in ihrem vierten Buch. Sie plädiert dafür, alte Floskeln zu überdenken, beispielsweise erscheint das übliche „In höflicher Bezugnahme…" doch inzwischen sehr geschraubt. Sie lehrt, einem Geschäftspartner schlicht so zu schreiben, wie man ihn auch ansprechen würde. Sie ergänzt ihre Tipps zum Briefstil durch die „Regeln zum Maschineschreiben" nach der DIN 5008. Zeitgemäßes Formulieren im Brief und am Telefon kombiniert sie in dem Buch „Erfolgreich schreiben, erfolgreich telefonieren".

Mit diesen vier Fachbüchern fördert die Autorin Karrieren anderer Sekretärinnen oder Frauen, die es werden wollen.

Unternehmerischer Mut

Der spontane Erfolg des Sekretärinnen-Studios setzt sich kontinuierlich fort. „Geprüfte Sekretärin Helga Pfeil-Braun" ist als ein Markenzeichen bundesweit eingeführt, entspricht einem Gütesiegel und gilt wie eine Eintrittskarte für eine gut bezahlte Stelle in einem Unternehmen.

In den 50er-Jahren werden ungefähr fünftausend Sekretärinnen unterrichtet, Ende der 60er-Jahre sind es zirka fünfzehntausend, bis Ende der 70er-Jahre sind mindestens fünfundzwanzigtausend Frauen geschult worden, die meisten davon mit Prüfung. In der Presse ist unter anderem zu lesen:

„Die Wirtschaft hat es der Initiative und dem unternehmerischen Mut von Helga Pfeil-Braun zu verdanken, daß heute bereits eine große Zahl von Sekretärinnen zur Verfügung steht, die mit Sachkenntnis und in richtiger Einstellung zu ihrer Stellung im Betrieb ihre Aufgabe an der Seite der Führungskräfte in Industrie und Verwaltung wahrnimmt."

Für dieses Start-up gibt es keinerlei finanzielle Hilfen von Staat oder Investoren. Alle Anschaffungen für Büromöbel und technische Geräte, Büromaterial, Miete, Honorare für Dozenten werden aus eigenen Mitteln finanziert. Mit den Einkünften aus ihrer Zeit als Angestellte hat sich Helga Pfeil-Braun ein finanzielles Polster geschaffen, auf das sie zurückgreift. Ebenso werden die Gebühren für die Kursteilnahme und die Prüfungen sorgfältig kalkuliert, damit man sich nicht übernimmt, gar einen Kredit aufnehmen muss. Es wird niemals mehr ausgegeben, als verfügbar ist. Man lebt nicht über seine Verhältnisse!

Das unternehmerische Denken der Gründerin zeigt sich unter anderem darin, dass sie ihre Geschäftsidee und ihre Lehrinhalte ständig ausweitet. So nutzt sie 1958 einen Aufenthalt in New York, um sich bei dem Amerikanischen Sekretärinnen-Verband (National Secretaries Association) zu informieren, eine der größten Frauenorganisationen der USA.

Sie darf an einer Einstellungsverhandlung teilnehmen, die große Unterschiede zu den ihr vertrauten Gepflogenheiten in West-Deutschland offenbart. Zum Beispiel fallen Zeugnisse nicht ins Gewicht und eine kaufmännische Ausbildung gibt es nicht. Die Einstellungsverhandlung dauert gerade mal drei Minuten, ein Phonodiktat und die Übertragung in die Maschine 30 Minuten. Wenn der Chef sagt:

„Allright!", ist die Einstellung perfekt. Schnell engagiert bedeutet allerdings auch, schnell entlassen werden

*National Secretaries Association
New York 1958*

zu können. Das Aufgabenspektrum der Sekretärin ist zudem eingeschränkt. Den Chef zu vertreten, kommt nicht infrage, dafür hat er immer einen männlichen Vertreter oder Assistenten. Schreibarbeiten werden durch ein kleines Fenster in das Schreibmaschinen-Zimmer gereicht, damit in den Büros unter den männlichen Angestellten keine Unruhe aufkommt.

Besonders imponiert Helga Pfeil-Braun die vereinfachte Lebensführung berufstätiger Frauen in den USA. Es ist üblich, nach Büroschluss eine fertige Speise im Supermarkt einzukaufen und nur noch aufzuwärmen, was bei ihr zu Hause unvorstellbar ist. Auch wird der Haushalt von dem Ehemann als Partner seiner Frau unterstützt. Sie schreibt von den positiven Eindrücken aus der „Neuen Welt" inspiriert, in einem Bericht:

„Hoffen wir, daß durch die Entwicklung der Technik die zeitliche Entfernung zwischen unseren Erdteilen immer geringer (und billiger) wird, damit wir uns öfter besuchen können, denn nur durch den persönlichen Austausch können die Brücken zur Völkerverständigung geschaffen werden."

Helga Pfeil-Braun erweitert ihren Horizont, bleibt offen für andere Kulturen und Lebensweisen, wobei sie die neuen Erkenntnisse in Berichte und Vorträge einfließen lässt. Regelmäßig veröffentlicht sie ihre Erfahrungen und Tipps für die Sekretariatspraxis in den „Hausmitteilungen der Adlerwerke – Informationen für die Freunde neuzeitlicher Bürotechnik" – ein heutiger Newsletter. Auf diesem Weg werden Sekretärinnen angeregt, selbst über den eigenen Tellerrand hinauszublicken. Außerdem verdeutlicht Helga Pfeil-Braun, wie systematisch deutsche Sekretärinnen – im Vergleich zu den amerikanischen – von ihr auf die Prüfung vorbereitet werden, und motiviert damit für eine Ausbildung in ihrem eigenen Studio.

Der Gründerin ist bewusst, wie wichtig Werbung für den Erhalt unternehmerischen Erfolgs ist. Sie lässt kaum eine Gelegenheit aus, um ihre Ideen und geschäftlichen Ereignisse zu vermarkten, so auch, als sie das zehnjährige Bestehen des Studios in Frankfurt feiert.

Ihre Heimatstadt hat sich inzwischen spürbar verändert. Aus der Trümmerwüste ist eine gigantische Baustelle geworden. Häuser wurden und werden weiter hochgezogen, die U-Bahn ist im Bau, Fußgänger und Autos quälen sich durch die vielen Absperrungen in der City.

Dank der zentralen Lage der Stadt, des ersten Autobahnkreuzes Westdeutschlands, des riesigen Hauptbahnhofs und der Wiederaufnahme des Flugverkehrs von Lufthansa, ist Frankfurt immer leichter zu erreichen. Zehntausende pendeln morgens und abends zwischen dem Umland und ihren Arbeitsplätzen.

Da Frankfurt nicht den Zuschlag dafür erhalten hat, Bundeshauptstadt zu sein – sondern Bonn –, soll es wenigstens zu einer Wirtschaftsmetropole ausgebaut werden. So siedeln sich stetig Unternehmen, Behörden, Verbände, Messe-Veranstaltungen, Großbanken und die Bank deutscher Länder – später Deutsche Bundesbank

– an. Frankfurt avanciert zur steuerkräftigsten Metropole in der Bundesrepublik.[27]

Diese pulsierende und prosperierende Wirtschaftsmetropole ist der richtige Nährboden für das Geschäftsmodell von Helga Pfeil-Braun und verleiht ihrem Erfolg kräftig Rückenwind.

Zu den feinen Adressen der 50er- und 60er-Jahre in dieser Stadt gehört nicht zuletzt die Frankfurter Filiale des Berliner Café Kranzler an der Hauptwache, direkt gegenüber von ihrem Studio am Roßmarkt 7. Dort wird eine Kaffeehaus-Kultur gelebt, die anspruchsvolle Gäste zu schätzen wissen.

Die Unternehmerin lässt zu ihrem Geschäftsjubiläum vom Chefkonditor die Nachbildung einer Adler-Schreibmaschine in Farbe und Format anfertigen. Das Tortenkunstwerk besteht aus Biskuit mit Früchten und ist bis auf die letzte Taste mit grauem Marzipan überzogen.

Diese Idee findet großen Anklang bei den Absolventinnen des laufenden Kurses, die sich alle eine Scheibe davon abschneiden dürfen.

Wie zu erwarten, promotet Helga Pfeil-Braun jenes Ereignis mithilfe mehrerer Zeitungen.

Frankfurter Rundschau 1963

DIE WELT
10-jähriges Firmenjubiläum 1963

Nicht nur in den Städten der Bundesrepublik, auch auf dem Arbeitsmarkt hat sich viel verändert, was die unternehmerische Neu-Ausrichtung des Sekretärinnen-Studios einleitet.

Als Fachdozentin unterwegs in Europa

Es ist nicht zu übersehen, dass sich die Teilnehmerinnen zunehmend von einer Ausbildung am Abend überfordert fühlen. Einige Sekretärinnen kommen abgehetzt an, weil der Büroschluss nicht pünktlich ist. Hinzu kommen bei vielen lange Heimwege zu später Stunde mit der Folge, am nächsten Morgen übermüdet zu sein. Dementsprechend gibt Helga Pfeil-Braun ihre Abendkurse am Roßmarkt 1972 auf, bietet aber weiterhin die Wochen-Ferienkurse im Taunus an. Dort ist man fernab von städtischem Trubel, kann sich auf den Unterricht und – wer möchte – auf die Abschlussprüfung konzentrieren. Außerdem ermöglicht das abendliche Zusammensein einen wertvollen Erfahrungsaustausch der Frauen untereinander.

Was sich inzwischen auf Unternehmensseite unter anderem verändert hat, ist, dass ab etwa 1965 viele Großfirmen eine Abteilung „Personalförderung" eingerichtet haben. Die Relevanz von „Innerbetrieblicher Weiterbildung" wird bewusst, zunächst für Führungskräfte. Kleinere Firmen, die sich solche Abteilungen nicht leisten können, delegieren ihr Personal zu externen Seminaren in Akademien.

Die Firmenlenker erkennen, dass Weiterbildung von Führungskräften ohne deren modern geschulte Chef-Sekretärinnen ihre Wirkung nicht voll entfalten kann. Es ist demnach zu erwarten, dass der Bedarf an internen Weiterbildungsmaßnahmen auch für jene Zielgruppe rapide

© Akademie Deutscher Genossenschaften (ADG)
Schloss Montabaur

ansteigen wird. Diese Tendenz erkennt Helga Pfeil-Braun rechtzeitig und baut – im Einvernehmen mit ihrem Ehemann – ihre zweite Karriere auf.

Hierbei handelt es sich um eine größere Dimension und ein anderes Format als bislang:

Die Teilnehmerinnen kommen nicht zu ihr, sie reist zu ihnen. Die Schulungen finden während der folgenden Jahrzehnte in speziell dafür ausgestatteten Seminarräumen in den Unternehmen selbst beziehungsweise in deren Schulungshotels oder in Akademien statt. Eindrucksvolle Beispiele dafür sind hierzulande Schloss Montabaur – die Akademie Deutscher Genossenschaften –, Schloss Hachenburg im Westerwald – die Hochschule der Bundesbank –, das Hotel Hessischer Hof in Frankfurt, zudem die Hilton- und Interconti-Hotelketten in Frankfurt, Berlin, Hamburg und München.

Die Dauer des Unterrichts wird komprimiert auf – üblicherweise – nur zwei Tage, da ein längeres Fernbleiben vom Arbeitsplatz kaum mehr vertretbar ist. Es wird immer mehr von den Mitarbeiterinnen verlangt. Eine Sekretärin, die drei Jahre lang nicht geschult wurde, ist mit ihren Kenntnissen nicht mehr auf dem aktuellen Stand. Wegen Rationalisierung und Arbeitsverdichtung sind ständig neue Kenntnisse erforderlich.

Helga Pfeil-Braun wirbt in ihren Berichten und Vorträgen für eine

„… bewusste, planmäßige Entwicklung der natürlich vorhandenen geistigen Anlagen. … Wissen gibt uns Macht über uns selbst; wir können uns dann richtig einschätzen und unsere Fähigkeiten voll entwickeln und einsetzen. Hierzu bedarf es des festen Willens, sich aus eigener Kraft um neue Kenntnisse und Erkenntnisse zu bemühen. Mit einem geschulten Denkvermögen wächst übrigens unsere Sicherheit auf allen Lebensgebieten."

Während Helga Pfeil-Braun in ihrer ersten Karriere das Berufsbild „Sekretärin" reformiert, zur „Chefsekretärin" erweitert und Prüfungen dafür abgenommen hat, geht es in ihrer zweiten Karriere vielmehr um die individuelle Beratung jeder Teilnehmerin. Anders als früher, sind die Arbeitsplätze inzwischen stark diversifiziert. *Den* Sekretärinnen-Arbeitsplatz gibt es nicht – es wird überall anders gearbeitet, wenngleich es Parallelen gibt. Auch Mischarbeitsplätze, also Sekretariat plus Sachbearbeitung, spielen eine zunehmende Rolle. Folglich müssen für Einzelfälle zugeschnittene Lösungen in den Seminaren angeboten und stets die aktuelle Arbeitssituation jeder Teilnehmerin genau betrachtet werden.

Es zeigt sich, dass die Teilnehmerinnen inzwischen generell gut ausgebildet sind. Das, was von ihnen in der Weiterbildung nachgefragt wird, sind vor allem organisatorische Tipps und Themen aus dem Bereich psychologischer Grundkenntnisse, der Kommunikation und dem Umgang mit Menschen am Arbeitsplatz.

Obwohl mittlerweile viele Institutionen für die Aus- und Weiterbildung entstanden sind, der Markt von Instituten, Trainern und Trainerinnen geradezu geflutet ist, bleibt Helga Pfeil-Braun eine gefragte Dozentin in der Weiterbildung von Sekretärinnen und Assistentinnen. Sie wird vor allem direkt von Unternehmen engagiert und ihre Termine sind ein Jahr im Voraus ausgebucht.

Das Einzugsgebiet der Dozentin beschränkt sich jetzt nicht mehr auf die Bundesrepublik, sondern es erweitert sich auf mehrere Länder Europas. Zu ihren Auftraggebern gehören einige DAX-Unternehmen wie Allianz, Daimler, Henkel, Thyssen Handelsunion, Münchener Rück, Degussa, Hoechst, RWE sowie viele Akademien und Verbände. Darüber hinaus trainiert Helga Pfeil-Braun Sekretärinnen der Europäischen Wirtschaftsgemeinschaft (EWG) in Brüssel und Luxemburg wie auch bei Euratom in Ispra, Italien. Einzelveranstaltungen finden zusätzlich in der Schweiz, in Österreich, Polen und Jugoslawien statt.

Bei diesem erweiterten beruflichen Anspruch ist es erforderlich, auch über das Fachgebiet hinaus Informationen zu recherchieren. Die Dozentin benötigt jetzt mehr Einblicke in das Marktgeschehen, um daraus abzuleiten, wie sich dieses auf das jeweilige Geschäftsklima, auf die Führungskräfte und damit auf die Rolle der Sekretärin auswirken könnte. Zudem sollte sie ausreichende Kenntnisse darüber haben, wie Unternehmen und die entsprechenden Führungskräfte in den Medien dargestellt werden – deren Chefsekretärinnen besuchen nämlich die Seminare, wo sie diese aktuellen Berichte durchaus thematisieren.

Wenn auch nicht sehr häufig, so kann es dennoch vorkommen, dass ein Unternehmen geplante Seminare storniert. Nicht wegen mangelnden Interesses, sondern aus Kostengründen. Das Muster hierfür ist immer gleich:

Ein neuer Mann (es könnte auch eine Frau sein) wird Abteilungsleiter. Er muss die Kosten reduzieren. Dem fallen am ehesten die Schulungen für Sekretärinnen, Reise- und Hotelkosten zum Opfer. Solche Stornos wirken sich allerdings nicht auf den Umsatz des Studios aus, da die frei gewordene Kapazität zeitnah an ein anderes Unternehmen verkauft wird. Zusätzlich werden von sämtlichen Firmenkunden Aufbau-Seminare nachgefragt, wodurch sich das Auftragsvolumen kontinuierlich vergrößert.

In ihrem Beruf macht Helga Pfeil-Braun genau das, was viele ihrer Geschlechtsgenossinnen ihrer Zeit ungern tun:

Sie arbeitet ausschließlich mit Frauen. Berufliche Probleme mit Männern kommen nicht vor. Allerdings muss sie in dieser männlich geprägten Berufswelt nicht mit ihnen konkurrieren, was ihren Karriereweg erleichtert, aber sie muss überzeugen. Ihre Verhandlungspartner in den Weiterbildungsabteilungen beziehungsweise Akademien – also die Entscheidungsträger – sind weitestgehend männlich. Die jeweiligen Geschäftsbeziehungen mit ihnen sind langfristig angelegt.

Die positive Resonanz der Sekretärinnen-Schulungen dringt allmählich bis zu den Chefs vor, die selbst Kurse bei ihr buchen wollen. Das lehnt die Dozentin jedoch ab:

„Ich unterrichte keine Männer!" Dieses klare Abgrenzen ist nicht als ein Ablehnen von Männern zu werten. Vielmehr lässt es sich durch die Lebensgeschichte von Helga Pfeil-Braun erklären. Sie wuchs ohne Vater, ohne Brüder oder Cousins auf. Und während ihrer Jugend in der NS-Zeit hatte sie sich in Frauen-Bünde einzufinden. Somit sind ihre Erfahrungen in besonderem Maße von Frauen geprägt, nicht von Männern. Das ist ihre vertraute Welt geworden, in der sie das facettenreiche weibliche Denken und Handeln umfassend kennen und einzuordnen gelernt hat.

Dem Wunsch der Chefs kommt sie jedoch insofern nach, als sie anbietet, ihnen vorzutragen, was

bella 1978

Sekretärinnen bei ihr lernen. Diese Hinweise sind letztlich für diese Zielgruppe interessant genug, um daraus Rückschlüsse für ihre eigene Tätigkeit und den Umgang mit dem Personal zu ziehen.

Des Weiteren gehören Sonderaufträge zu ihrem Repertoire. Ein verzweifelter Groß-Unternehmer aus Norddeutschland lässt sie extra einfliegen, um in einem „Vorzimmer-Zickenkrieg", wie er sich ausdrückt, die Wogen zu glätten. Die drei Assistentinnen hatten durch ihr Verhalten den Betrieb regelrecht lahmgelegt. Nebenbei offenbart dieser Fall, welche Macht und Einflussnahme dieser Berufsstand haben kann.

Als Erstes verdeutlicht Helga Pfeil-Braun den Assistentinnen, wie Kommunikationsstörungen und Fehlverhalten ganz allgemein zustande kommen und letztlich eine festgefahrene Lage verursachen können. Außerdem führt die Dozentin vergleichbare Situationen als Beispiele an und wie man solche lösen kann.

Dieser „Blick nach außen" lenkt zunächst von dem Fokussieren der Anwesenden auf gegenseitige Vorwürfe und Zurechtweisungen ab. Auch sie selbst weist keineswegs zurecht und wirft den Teilnehmerinnen nichts vor – das würde die Umstände eher verschlimmern. Sie setzt vielmehr auf das Erkennen und Verstehen von Zusammenhängen.

Dies ist ein Weg, wie Helga Pfeil-Braun die verhärteten Positionen der Assistentinnen allmählich aufweicht und die Gedanken für neue, lösungsorientierte

Sichtweisen öffnet. Anschließend gibt sie Tipps für einen besseren Umgang am Arbeitsplatz miteinander.

    Schließlich ziehen die drei Damen wieder am selben Strang und das Unternehmen kann endlich flott Fahrt aufnehmen. Die Teilnehmerinnen danken es ihrem Chef mit einem wunderschönen Blumenstrauß und einem erlösten Strahlen.

Eine Meisterin der freien Rede

Wie macht sie das eigentlich in ihren Seminaren, auf welche Weise vermittelt die Dozentin ihre Lehrinhalte? Wieso wollen sich so viele Teilnehmerinnen auch weitere Male von ihr beraten lassen?

Helga Pfeil-Braun reist stets am Vorabend zu ihren Veranstaltungen an und ist am nächsten Morgen mindestens eine Stunde vor Beginn im Seminarraum präsent. Diese Stunde ist wichtig, um die Unterlagen auszubreiten, vor allem aber, um sich gedanklich in Ruhe auf die Zielgruppe einzustellen. Womit ist zu rechnen? Wie sind Altersstruktur und Berufserfahrungen der Teilnehmerinnen, welche Arbeitsbedingungen (zum Beispiel Umstrukturierungen, Fusionen) sind aktuell?

Auch der Sprachstil variiert von Unternehmen zu Unternehmen teilweise erheblich. Während in der einen Firma ein relativ lockerer Umgangston normal ist, wird in einem konservativen Unternehmen jedes Wort auf die Waagschale gelegt und es gibt strikte Sprachregelungen. Diese sprachlichen Feinheiten hat sie abzudecken. Abgesehen davon muss sich die Dozentin darüber im Klaren sein, ob eine Dialektfärbung in der Region üblich ist und wie sie das Sprechtempo zu wählen hat.

Es kommen etwa 15 bis 50 Teilnehmerinnen, wobei die Erste oftmals bereits eine halbe Stunde vor Seminarbeginn ihren Platz belegt. In einer kleinen Runde wird jede mit Handschlag begrüßt. Mit den meisten von ihnen entwickelt sich spontan eine Konversation, was von Anfang an für eine freundliche, offene und einladende Atmosphäre sorgt. Helga Pfeil-Braun wirkt auf Anhieb sympathisch, wodurch sich die Türen zu anderen Menschen öffnen. Sie strahlt Selbstsicherheit und Ruhe aus.

Nach der offiziellen Begrüßung, auch von Unternehmensseite, und einigen einleitenden Sätzen kommt die Dozentin recht schnell auf die Arbeitsbedingungen der Sekretärinnen zu sprechen. Manchmal deutet sie bereits jetzt mögliche Konflikte an und erläutert das mithilfe passender Beispiele. Davon fühlen sich viele Zuhörerinnen sofort angesprochen, denn hier ist offensichtlich jemand, der sie versteht und sich zudem auskennt. Das Interesse ist geweckt und zugleich recht schnell eine Vertrauensbasis hergestellt.

Die Teilnehmerinnen beginnen, sich nach und nach zu melden, um von ihrer aktuellen Situation zu berichten und sich dabei in der Runde kurz vorzustellen. Es verbindet und entlastet viele zusätzlich, zu erfahren, dass es anderen an ihren Arbeitsplätzen ähnlich ergeht.

Helga Pfeil-Braun hört sehr genau zu, erfasst zudem Probleme, die zwar nicht klar angesprochen werden, dennoch für sie erkennbar sind, und äußert sich zu diesen. Das Zwischen-den-Zeilen-Lesen liegt ihr. Wie kann das sein?

Im Laufe des Kennenlernens erfährt die Dozentin, ob eine Teilnehmerin noch nebenher im Geschäft der Eltern oder des Ehemannes aushelfen muss oder ob sie gerade gebaut hat, sodass nach Büroschluss und selbstverständlich an den Wochenenden schwere körperliche Arbeit auf der Baustelle nötig ist. Manche Sekretärin erzählt, dass sie – teilweise alleine – Kinder zu erziehen und zu versorgen hat, eventuell auch kranke Eltern oder einen Ehemann zu Hause. Einige wollen nach langjähriger Erziehungszeit und finanzieller Abhängigkeit in einer Ehe eigenes Geld verdienen und Bestätigung in der Arbeit finden

Helga Pfeil-Braun taucht gedanklich in die Lebensgeschichten etlicher Teilnehmerinnen ein, liest in deren Köpfen und Herzen. Sie erfasst deren gesamtes Lebensumfeld, da sich die private Situation von Frauen unmittelbar auf deren berufliches Agieren auswirkt und umgekehrt. Wie ein Radar ortet sie, an welchen Stellen Probleme vorhanden sind oder auftauchen könnten. Das berücksichtigt sie in ihrer Beratung, sodass die Zuhörerinnen äußern:

„Genauso ist es!"

Abgesehen davon speichert die Dozentin diese Lebensgeschichten in ihrem Gedächtnis ab, mit dem Effekt, sie bei einem nächsten Treffen sofort abrufbar zu haben und auch nach Jahren treffsicher der jeweiligen Person zuordnen zu können:

„Frau X, wie hat sich die Situation für Sie nach unserem letzten Gespräch entwickelt? Sie hatten mir doch damals berichtet, dass …"

Helga Pfeil-Braun folgt keinem Manuskript. Ihre Vorgehensweise ist nicht festgelegt und variiert, je nachdem, welchen Umfang die Erklärungen und Empfehlungen einnehmen müssen. Insofern gestaltet sie den Unterricht äußerst flexibel. Jedes Seminar entwickelt sich anders.

Dennoch gibt es ein entscheidendes Merkmal, das ihrem Vortragsstil gemeinsam ist:

Hier steht der Mensch im Mittelpunkt, jede einzelne Sekretärin und deren Fragen. Die Dozentin spult kein Programm ab, sondern sie stellt sich stets neu auf die Bedürfnisse der aktuellen Teilnehmerinnen ein.

Als eine Meisterin der freien Rede zieht Helga Pfeil-Braun mit ihrer bildhaften Sprache die Zuhörerinnen regelrecht in ihren Bann. Alle sind mit im Boot, keine wird mit ihren Gedanken und Fragen allein gelassen. Die Konzentration ist hoch, weshalb es während der Unterrichtsstunden im Raum ruhig ist – ideal zum Denken und Zuhören.

Damit es mit dem konzentrierten Zuhören auf Dauer nicht zu anstrengend wird, gibt es regelmäßig Pausen mit Erfrischungen, die an einem anderen Ort eingenommen werden. Diese Momente nutzt die Dozentin gelegentlich dazu, gezielt auf einzelne Teilnehmerinnen zuzugehen. Der Anlass ist etwa dann gegeben, wenn eine Aussage vorher in der Runde die ein oder andere verblüfft, vielmehr nachdenklich werden lässt. In dieser gelösten Pausen-Situation kann es dann noch einmal etwas vertieft werden.

Auch kommt es vor, dass sich eine Sekretärin – aus Loyalitätsgründen – nicht traut, ihr wahres Problem am Arbeitsplatz vor anderen auszubreiten und zu besprechen.

Helga Pfeil-Braun hat offensichtlich feine Sensoren dafür, wie die Befindlichkeiten von berufstätigen Frauen tatsächlich sind, und spricht das geschickt oftmals unter vier Augen an. Aufgrund dieser Vorgehensweise ist das Unterrichten genau genommen nie wirklich beendet, also auch nicht in den Pausen.

Im Unterricht wird durchaus hin und wieder gelacht. Diese entspannte und kollegiale Atmosphäre zwischen den Teilnehmerinnen ist eine geeignete Basis für das Gelingen eines Seminars.

Zu der üblichen Methodik gehören ebenfalls Lehrblätter, Fallstudien, die diskutiert werden, gelegentliche Rollenspiele, Übungen und das Visualisieren an Overhead-Projektor und Flipchart. Den überwiegenden Teil des Tages jedoch machen die freie Rede und das Gespräch – auch abends – aus. Das Gespräch ist eine Form des Unterrichts, die man nicht unterschätzen sollte, da es eine Methode ist, mit der man letztlich lernt, während man sich entspannt zu unterhalten glaubt.

Auf diesem Weg macht es Helga Pfeil-Braun ihren Teilnehmerinnen ganz leicht, aufmerksam zuzuhören, zu lernen und sich folglich wertgeschätzt zu fühlen.

Handeln Sie souverän!

Obwohl die Erzählungen der Teilnehmerinnen erkennen lassen, wie stark diversifiziert deren Arbeitsplätze geworden sind, es folglich für jede Sekretärin ein anderes Arbeiten bedeutet, existieren dennoch Gemeinsamkeiten dieser Berufsgruppe.

Eine davon ist, wie sehr sich das Führungsverhalten der Vorgesetzten unmittelbar auf die Sekretärin auswirkt – im Guten, wie im Schlechten. Also kann sie auch in eine unangenehme Lage gebracht werden. Beispielsweise dann, wenn sich Mitarbeiter/-innen bei ihr über ein unangemessenes Chefverhalten beschweren, oder Chef B fragt sie über Chef A aus, oder aber ihr Chef kritisiert stimmgewaltig einen Mitarbeiter oder eine Kollegin in ihrem Beisein.

Helga Pfeil-Braun empfiehlt einer Sekretärin, sich in letzterem Fall gut zu überlegen, ob sie überhaupt Mitwisserin dieses Gesprächs werden will. Sich nicht hineinziehen zu lassen, stattdessen aus dem Zimmer zu gehen und die Tür zu schließen, wird viel eher der passende Weg für die Sekretärin sein. Kritikgespräche sollten immer nur unter vier Augen erfolgen.

Sie verdeutlicht an vielen Beispielen, in welche Konflikte eine Sekretärin hineingezogen werden kann, die von ihr und niemandem sonst zu lösen sind. Auch bei dem nächsten Fall:

Wenn sich Mitarbeiter/-innen bei ihr über das Verhalten des Chefs beschweren, sollte das eine gutmeinende Sekretärin nicht ohne Weiteres dazu verleiten, an deren Stelle mit dem Chef zu reden. Daraus lernen die anderen nämlich, es immer wieder auf diese Weise zu probieren – dann wird sie Mittel zum Zweck. Souverän verhält sie sich hingegen, wenn sie den Verärgerten Mut macht, selbst mit dem Chef zu sprechen, und einen Termin anbietet, vielleicht sogar noch einen Tipp gibt, wann ein besonders geeigneter Moment sein könnte. Einen Gesprächstermin anzubieten, gilt ebenso für das Ausgefragt-Werden über ihren unmittelbaren Vorgesetzten von Chef B mit dem Hinweis:

„Bitte sprechen Sie direkt mit Herrn A über dieses Projekt."

Es wird bei Fällen dieser Art kein „Feindbild Chef" aufgebaut, indem abfällig über ihn hergezogen wird – niemals. Auch dann nicht, wenn hin und wieder eine Teilnehmerin ihn gerne für alles verantwortlich machen und seine mangelnden Führungsqualitäten anprangern möchte. Das rettet die Situation allerdings nicht, sondern sorgt lediglich für eine schlechte Atmosphäre am Arbeitsplatz und zeigt zudem illoyales Verhalten. Zwar gibt es in der Tat Sekretärinnen, die ihren Chef unter vier Augen kritisieren, sogar solche, die ausdrücklich dazu aufgefordert werden und der Vorgesetzte sein Verhalten daraufhin anpasst. Aber das ist kein Universal-Rezept, das in Seminaren empfohlen werden kann.

Genauso wenig wie sie ein Feindbild unterstützt, leistet Helga Pfeil-Braun einer Opferhaltung der Sekretärin Vorschub. Kein Selbstmitleid, kein Jammern! Um als Mitarbeiterin wertgeschätzt zu werden, sollte sie vielmehr deutlich machen, Teil der Lösung zu sein, niemals jedoch Teil des Problems. Im Vordergrund ihrer Beratung steht also die Frage:

Wie geht die Sekretärin „souverän" mit dieser Situation um?

Die Dozentin betont immer wieder, dass wir uns zwar nicht aussuchen können, was uns so alles widerfährt, wir allerdings selbst dafür verantwortlich sind, mit welchen Gedanken, Gefühlen und Handlungen wir darauf reagieren. Und einen Erwachsenen umziehen zu wollen, damit er so handelt, wie wir es uns vorstellen, wird kaum gelingen. Sie betont:

„Kein Mensch kann einen anderen ändern, das kann er nur selbst."

Deshalb sollte sich eine Mitarbeiterin klug abgrenzen, genauer gesagt eine angemessene Initiative zeigen, um durch ihr Verhalten weiterhin als kompetent wahrgenommen zu werden.

Es sind ganz besonders solche Empfehlungen, die dazu beitragen, Spannungen, gelegentlich auch innere Blockaden, aufzulösen. Bei manchen Teilnehmerinnen hat sich über die Jahre nicht gerade wenig aufgestaut. Die Hinweise sollen ein Gedankenanstoß dafür sein, selbst die eigene Position zu reflektieren und weitere Fragen zu stellen.

Selbstverständlich berichten manche über eine ideale Zusammenarbeit mit dem Kollegium und ein vorbildliches Führungsverhalten der Chefs. Jedoch liegt es nahe, dass jene Sekretärinnen, die unter geradezu paradiesischen Bedingungen arbeiten, eher selten ein Seminar dieser Art buchen. Die meisten kommen, weil sie Gesprächsbedarf haben, ihre Lage verbessern, Ihre Kenntnisse auffrischen, sich auf eine neue Stelle vorbereiten wollen und den Erfahrungsaustausch mit Kolleginnen suchen.

In höheren Positionen sind Sekretärinnen häufig im Unternehmen isoliert und können sich – wenn überhaupt – nur kurz in der Teeküche mit anderen austauschen, aber auch dort aus Diskretionsgründen keineswegs unbefangen. Im Unterschied dazu finden sie in den Seminaren eine willkommene Plattform dafür. Gelegentlich hört man beim Verabschieden:

„Jetzt weiß ich erst zu schätzen, wie gut ich es habe, wenn ich höre, was andere so alles durchmachen müssen!" Bereits diese Erkenntnis ist für das Miteinander und die Motivation am Arbeitsplatz Gold wert.

Hinter verschlossenen Türen reden Gleichgesinnte sehr offen und ausführlich über ihre berufliche Situation. Es versteht sich von selbst, dass diese Informationen von allen Beteiligten diskret behandelt werden.

Helga Pfeil-Braun verbreitet ihre detaillierten Insider-Kenntnisse über das Gebaren auf Führungsetagen nie namentlich weiter. Und was die Teilnehmerinnen angeht, so plaudern sie nichts aus. Da sich „Sekretärin" von „secretum" ableitet – also Geheimnis –, sind die Teilnehmerinnen darin geübt, als „Geheimnis-Trägerinnen" über Interna öffentlich zu schweigen.

Prüfungen einmal anders

Die Seminartätigkeit der Dozentin ist im Laufe der Jahre derart umfangreich geworden, dass sie nur noch gelegentlich Prüfungen abnehmen kann. In früheren Zeiten konnte sie während tausender solcher Situationen erleben, welcher Stress allein durch den schreibtechnischen Teil ausgelöst wurde, wenn es auf Kommando hieß:

„Achtung – fertig – los!" Und dann war zehn Minuten lang ein Text abzuschreiben, bei dem eine bestimmte, möglichst fehlerfreie Anschlagzahl erreicht werden musste.

Es war gelegentlich vorgekommen, dass Prüflinge in völliger Starre verharrten, nachdem das Kommando gegeben worden war. Sie konnten ihre Finger, die sie in die Zehn-Finger-Haltung über der Tastatur gebracht hatten, nicht mehr bewegen. Nur ein kurzer, leichter Klaps auf die Hände brachte deren Beweglichkeit wieder in Fluss.

Was hieß es eigentlich in den Anfangsjahren an einer mechanischen Schreibmaschine zu arbeiten? Eine Stenotypistin schrieb am Tag durchschnittlich 25 Briefe, was in etwa fünfzigtausend Anschläge ergibt. Pro Anschlag einer Taste hatte sie 80 Gramm-Kraft Zentimeter in Bewegung zu setzen; sie stemmte täglich also mehrere Tonnen. Deshalb kamen immer wieder Teilnehmerinnen mit verbundenen Handgelenken in den Unterricht – sie hatten eine Sehnenscheiden-Entzündung. Bei einer elektrischen

Schreibmaschine, die später auf den Markt kam, waren es dann nur noch 20 Gramm pro Taste.

Zudem arbeiteten viele mit weiteren 20 bis 30 Kolleginnen in einem Großraumbüro an diesen Maschinen, die gemeinsam einen hohen Geräuschpegel verursachten. Genau diese Situation war auch während einer Prüfung gegeben, wenn alle Prüflinge gleichzeitig dasselbe zu tun hatten, wie eine Abschreibprobe. Bei vielen stieg zudem die Anspannung in der entnervenden Wartezeit, bis sie bei einer mündlichen Prüfung endlich an der Reihe waren.

Solche Erfahrungen regen Helga Pfeil-Braun in den 80er-Jahren zu einer vollkommen neuen Methodik an. Diese unterscheidet sich von üblichen Prüfung dadurch, dass die Inhalte einen besonders praxisnahen Bezug haben und die Angst der Prüflinge auf ein Minimum reduziert wird. Sie arbeiten viel eher, als dass sie sich geprüft fühlen. Helga Pfeil-Braun erklärt dazu in einem Interview:

„Der Prüfungstag wird erlebt wie ein normaler Arbeitstag bei Abwesenheit des Chefs. Die Kandidatin sitzt an einem Schreibtisch mit Telefon und allen Bürohilfsmitteln, die sie täglich zur Verfügung hat, einschließlich der ihr vertrauten Schreibmaschine. In einer Mappe findet sie Eingangspost, eine Zeitung mit Informationen, die bestimmte Glückwunsch- bzw. Kondolenzbriefe erforderlich machen, ein Wiedergabegerät mit Diktaten und Anweisungen des Chefs, z. B. zu einer bestimmten Zeit während einer Besprechung ein Protokoll in Kurzform zu führen.

Alle Arbeiten müssen zwischen 8 und 16 Uhr selbständig erledigt werden, aber wie die Kandidatin ihre Arbeit organisiert, ist ihr überlassen. Sie weiß, daß sie – genau wie in der täglichen Praxis – durch Telefonanrufe und Besucher bei der Arbeit unterbrochen wird. Die Damen und Herren vom Prüfungsausschuß werden also telefonisch oder persönlich als Kunden, Bewerber, Vertreter usw. Kontakt mit der Prüfungskandidatin aufnehmen, um sich beraten zu lassen, Termine zu vereinbaren, sich zu beschweren, Dienstleistungen anzubieten, angenehme und unangenehme Nachrichten für den Chef zu hinterlassen. Im Verlauf dieser Unterbrechungen werden die Prüfungsinhalte ohne Streß und Angst absolviert.

Geprüft wird unter Praxisbedingungen das Verhalten der Kandidatin in Fällen der Informationsannahme, -prüfung, -bewertung, -weiterleitung, -beschaffung, -bearbeitung und Informationsspeicherung, auch an oder mit modernen Kommunikationseinrichtungen."[28]

Im Gegensatz zu der gängigen Prüfungsmethode wird bei diesem Modell zusätzlich erfasst, wie die Prüflinge vorgehen, wie sie priorisieren und ob sie organisieren können. Zugleich wird das schnelle gedankliche Umschalten von einer Aufgabe zu der nächsten erkennbar, da sie immer wieder unterbrochen werden und sich flexibel auf die neue Situation einzustellen haben. Das ist genau das, was in der Praxis benötigt wird.

Und die Prüflinge selbst wissen von vornherein, dass ein kurzfristiger Blackout nicht etwa zum Scheitern führen wird. Sie können den kurzfristigen Rückstand im Laufe des Tages wieder aufholen. Unter anderem zeigen Genossenschaftsverbände Interesse an dieser modernen Prüfungsmethode. Damit qualifizieren sich Chefsekretärinnen zur „Management-Assistentin mit Sekretariatsaufgaben".

Das organisatorische Vorbereiten dieser vergleichsweise angstfreien Prüfung ist besonders aufwendig, zumal was die Technik angeht. Die Kandidatinnen bringen meistens ihre schweren Schreibmaschinen selbst mit und die Telefone für jeden Schreibtisch müssen mit einer Zentrale außerhalb des Großraums verschaltet werden. Die Durchführung am Prüfungstag erfordert ein perfekt eingespieltes Prüfer-Team.

Ein enges Zeit-Korsett

In ihrer neu gewählten Rolle als Fachdozentin, die viel unterwegs ist, absolviert Helga Pfeil-Braun ein strammes berufliches Programm. Ab den 70er-Jahren hält sie mindestens ein Seminar pro Woche, immer öfter werden es zwei. Eine Arbeitswoche im Studio sieht während der Hauptsaison – also außerhalb der Schulferien-Zeiten – folgendermaßen aus:

Sonntag Nachmittag Reise zum Seminarort – Montag/Dienstag Seminardurchführung – Dienstag spät abends Rückkehr nach Frankfurt – mittwochs dann Kleidung umpacken, umfangreiche Papierkorrespondenz beantworten, viel vom Festnetz telefonieren, die neuen Unterlagen stehen zum Austausch bereit, eventuell Friseurbesuch, nachmittags oder abends Reise zum nächsten Seminarort – Donnerstag/Freitag Seminardurchführung – Freitag spät abends Rückkehr nach Frankfurt.

Nicht selten empfängt das Ehepaar Samstag abends private und berufliche Gäste zu Hause, lädt zu einem größeren Fest in ein Hotel ein, oder es ist eingeladen.

Die Terminvergabe ist in der Hochphase ihrer Dozentinnentätigkeit knifflig. Häufig werden von Firmenkunden zunächst mehrere Termine reserviert, bis man endgültig „grünes Licht" von den Vorgesetzten für eine einzelne Schulung erhält. Diese noch unbestätigten sogenannten „Bleistift-Termine" werden zusätzlich von anderen Unternehmen nachgefragt, also im Kalender der

Dozentin doppelt belegt. Sobald entschieden ist, welche Tage wieder zurückgegeben werden, rücken die Interessenten nach. Auf diese Weise entstehen keine Lücken im Kalender.

Die Dozentin kommt mit lediglich vier Stunden Schlaf aus. Sie meint, sie benötige nicht mehr Zeit, um sich zu regenerieren und ausgeruht zu fühlen. Jede freie Minute, vor allem im Zug, nutzt sie, insbesondere zum Lesen.

Das zeitliche Korsett, das Helga Pfeil-Braun eng geschnürt hat, führt schließlich zu Hause zu spürbarem Druck. Oftmals unterstützt jetzt Tochter Jutta während ihres Studiums der Wirtschaftswissenschaften die Geschäfte an halben Tagen im neuen Homeoffice – das Ehepaar ist mit den Kindern inzwischen in eine große Wohnung ihres schönen Bürgerhauses nach Sachsenhausen umgezogen, wo sich zudem die Zentrale befindet; der Roßmarkt 7 ist bereits aufgelöst.

Die Geschäftsreisen erfolgen üblicherweise mit dem Zug, dem TEE[29] oder einem Taxi, gelegentlich wird ein Fahrer geschickt. Auf Reisen telefoniert Helga Pfeil-Braun stets abends mit der Familie, um zu erfahren, wie es geht und ob es Neues in der Post gab.

Trotz ihrer erweiterten beruflichen Aktivitäten bleibt Helga Pfeil-Braun fürsorglich. Sie plant samstags und sonntags vor ihrer Abreise noch ein gemeinsames Mittagessen mit der Familie ein. Ihre Mutter, Tilly Braun, die inzwischen in hohem Alter in einer Wohnung im

Budge-Seniorenstift in Seckbach lebt, wird samstags dazu abgeholt.

Wie koordiniert Helga Pfeil-Braun ihre umfangreichen Aufgaben?

Da für häusliche Arbeiten immer weniger Zeit verfügbar ist, werden sie auf ein Minimum reduziert. So viel wie möglich davon wird „outgesourct". Das heißt, dass sämtliche Wäsche in die Wäscherei und Reinigung gegeben wird. Zudem werden die Hauptspeisen zum großen Teil von einem bekannten Caterer in Sachsenhausen gekocht, portioniert und eingefroren, um sie bei Bedarf bequem nur noch auftauen und mit frischen Beilagen ergänzen zu müssen.

Aber nicht immer ist die Dozentin die alleinige Gebieterin ihrer Zeit! Wie sehr ihre enge Terminvergabe mit weiteren Verpflichtungen kollidiert, zeigt die Korrespondenz mit dem Landgericht Frankfurt am Main.[30]

Helga Pfeil-Braun wird kurzfristig mitgeteilt, dass sie als (Hilfs-)Schöffin für die Dauer von zwei Jahren ausgewählt wurde. Es handelt sich dabei um:

„... die Pflicht zur Übernahme ehrenamtlicher Tätigkeit."[31] Sie hat an mindestens sieben Sitzungen pro Jahr als „ehrenamtlicher Richter an der Rechtsprechung der kleinen und großen Strafkammer des Landgerichts Frankfurt am Main" mitzuwirken. Die Liste dieser Sitzungstermine erhält sie zwei Wochen vor der ersten Sitzung. Ihre Terminplanung ist allerdings ein Jahr im Voraus festgelegt. Folglich sieht sie sich gezwungen, zweimal darum zu bitten, von dieser Pflicht entbunden zu werden, da sie die Geschäftstermine nicht verschieben kann, und ihre Schöffentätigkeit nach zwei Jahren nicht mehr zu verlängern. Ganz offensichtlich empfindet sie diese zusätzlichen Termine als belastend.

Der Landgerichtspräsident schreibt ihr nach Ablauf der Schöffenperiode unter anderem:

„… Sie sollen wissen, daß Ihre richterliche Mitarbeit an der Wahrheitsermittlung und Rechtsfindung mit Anteilnahme und Achtung verfolgt wurde. Nun, da das Ehrenamt für Sie geendet hat, danke ich Ihnen für Ihre Arbeit im Dienste des Rechts."[32]

Trotz des Dankes und zweifellos interessanter Einblicke in ein für sie unbekanntes Themengebiet ist sie erleichtert, künftig wieder allein über ihre Zeit verfügen zu können.

Die Ferienkurse bietet Helga Pfeil-Braun weiter an, wenn auch nur noch begrenzte Zeitfenster dafür vorhanden sind. Etwa zwei- bis dreimal pro Jahr werden sie mit einem Team von weiteren, wechselnden Trainern im „Parkhotel Waldlust" in Oberursel oder auch im Sommer in Igls/Tirol durchgeführt. Diese Intensiv-Wochen finden bewusst außerhalb Frankfurts statt, da die Hotelpreise in der Stadt auf ein inakzeptables Niveau gestiegen sind.

Die Dozentin führt ihren anspruchsvollen Beruf nicht nur diszipliniert durch, sondern auch mit großer Freude. Zweifellos ist sie bei allem, was sie beruflich tut, voll und ganz in ihrem Element. Sogar dann, wenn ihr nicht einmal Zeit für eine richtige Pause während der Seminare bleibt. Teilnehmerinnen kommen gerade in den offiziellen Pausen auf sie zu, um noch Sonderfragen zu stellen und sich individuell beraten zu lassen. Allerdings ist sie selbst diejenige, die zu solchen Erwartungen an ihre Person animiert und somit den Eindruck vermittelt, pausenlos für andere ansprechbar zu sein. Zudem genießt sie es, im Mittelpunkt zu stehen und anerkannt zu werden.

Um sich von ihrem beruflichen Engagement hin und wieder abzulenken, bereitet es ihr großes Vergnügen, sich Einladungen und Feste mit einem Programm auszudenken, zu denen sie gemeinsam mit ihrem Mann einlädt.

So schön diese Feiern auch sein mögen, sie benötigen zusätzlich sehr viel Vorbereitungszeit.

Was ist, wenn mal der Faden reißt?

Trotz zeitintensiver Aufgaben ist Helga Pfeil-Braun stets darauf bedacht, eine „gute Figur" zu machen - das gehört zu ihrem Stil. Es entspannt sie, regelmäßig zu einem Coiffeur, zur Maniküre und Kosmetikerin zu gehen. Zudem achtet sie auf eine gepflegte, typgerechte Garderobe und lässt sich niemals ungeschminkt blicken.

Auf Schritt und Tritt könnte sie erkannt und angesprochen werden. Als Stammkundin in ihren Lieblingsgeschäften Frankfurts oder auch nur beim Spazierengehen um die vier Ecken, sogar im Urlaub am Bodensee beim Einstieg auf einen Dampfer – überall kann ihr zugerufen werden:

„Guten Tag, Frau Pfeil-Braun, wie schön, Sie mal wiederzusehen!", gefolgt von einem freundlichen kleinen Plausch.

Und während der Seminare befindet sie sich sowieso wie auf einer Bühne. Jede Geste, jedes Wort, ihr Outfit, alles an ihr wird wahrgenommen und bewertet. Wie aufmerksam Teilnehmerinnen bei ihr das Äußere registrieren und schätzen, zeigt die folgende kleine Episode während eines Seminars:

Als die Dozentin im Stehen ihre Gedanken ausführt, steht plötzlich eine Sekretärin mit einer Schere in der Hand von ihrem Platz auf. Sie stürmt zielgerichtet nach vorne, geht in die Hocke und schneidet ein kleines, kaum sichtbares Fädchen ab, das sich am Rocksaum ihrer

Seminarleiterin gelöst hatte. Selbst wenn alle Anwesenden spontan lachen müssen, offenbart diese Geste, was erwartet wird:

Ein makelloses Erscheinungsbild!

Tatsächlich gleicht Helga Pfeil-Braun ihre beruflichen und familiären Aufgaben und ihre Bedürfnisse gekonnt aus. Sie hat ihren Beruf und die Lebensführung auf ihre Person geradezu maßgeschneidert. Konzentriert zu arbeiten und fröhlich zu feiern sind zwei Elemente, die ihr Leben bestimmen und die sich ideal ergänzen. Hinzu kommen ausgiebige Ferienzeiten, die mit der Familie und Freunden in dem idyllischen Kurort Igls in Österreich genossen werden – das ist die Insel der Ruhe.

Dennoch schützt diese Balance sie nicht immer vor Krankheiten. Ihr Immunsystem ist schon hin und wieder geschwächt, aber sie findet relativ schnell zu alter Form zurück. Einmal jedoch erwischt es sie heftig. An den Weihnachtsfeiertagen muss sie notoperiert werden. Zweifellos hatte es schon vorher körperliche Signale gegeben, die sie sich selbst gegenüber allerdings bagatellisiert hatte:

„Das wird schon nichts Schlimmes sein, das geht wieder vorbei!", dachte sie sich.

In der entspannten Zeit der Feiertage werden diese Signale unüberhörbar laut. Die Familie ist in großer Sorge und unterstützt, wo es nur geht. Kaum vorstellbar, dass sie bald wieder auf die Beine kommt.

Jeder in ihrem beruflichen und privaten Umfeld würde verstehen, wenn Helga Pfeil-Braun diesen Wink des

Schicksals zum Anlass nähme, um sich allmählich von ihren anspruchsvollen und zeitintensiven Aufgaben zurückzuziehen, wenn sie sich jetzt mehr und mehr Ruhe gönnen würde. Aber Ruhe ist nicht das, was sie sucht!

Diese Mentalität übrigens steht exemplarisch für viele Menschen, die in ihren Berufen derart engagiert sind. Diese brauchen ihre beruflichen Aufgaben, das Gefordert-Sein, die Anerkennung von außen – das alles gibt ihnen Kraft, um weiterzumachen.

Außerdem käme aus Sicht von Helga Pfeil-Braun ein Rückzug, der nicht von ihr selbst geplant wird, einer Niederlage gleich. Das würde sie sich niemals verzeihen können! Wenn sie sich jemals zurückzieht, dann nur, weil sie selbst den richtigen Moment dafür bestimmt hat, und nicht, weil ihr eine Krankheit diese Entscheidung abnimmt.

Folglich fühlt sich Helga Pfeil-Braun – entgegen ärztlichem Urteil – vital genug, um bereits wenige Wochen nach diesem schweren Eingriff ihren nächsten Auftrag mit rund vierzig Teilnehmerinnen in Norddeutschland wahrzunehmen. Dieses Mal bittet sie ausnahmsweise um ein Mikrofon. Auch werden Vorlagen für den Overhead-Projektor vorbereitet, die sie lediglich aufzulegen und zu erklären hat. Schreiben und Reden strengen sie noch sehr an, zudem behält sie während der gesamten Schulungsdauer Platz.

Dieser Vortrag ist für sie der wirksamste Heilungsprozess, inmitten ihres Publikums blüht sie wieder auf. Sie beweist sich damit selbst:

„Ich kann es noch, ich habe es hinbekommen, so krank bin ich doch gar nicht mehr!"

Sämtliche Seminarvereinbarungen in ihrem ausgebuchten Kalender werden ohne jede Diskussion selbst in diesem kritischen Jahr eingehalten. In den fünfzig Jahren ihrer Dozententätigkeit wird nie ein Auftrag von ihr abgesagt.

Es gehört zu ihren Persönlichkeitsmerkmalen, sich nicht mit einer ihr auferlegten Schwäche, wie einer Krankheit, abzufinden. Sie redet auch nicht darüber, schon gar nicht begibt sie sich jemals in eine Opferhaltung.

Helga Pfeil-Braun beweist unermüdlich, wie man auch durch Krisenzeiten erhobenen Hauptes gehen kann – schließlich gibt es für jedes Problem eine Lösung!

Ein Mixtum compositum in Balance

Offensichtlich stellt diese Karriere-Frau von Anfang an hohe Ansprüche an ihr privates und berufliches Leben.

Wie bekommt sie all ihre Aufgaben und Wünsche unter einen Hut? Wer fängt sie auf, wenn sie sich mal nicht um ihre Kinder kümmern kann, sondern Vorträge zu halten hat? Wie sichert sie den „worst case" ab, der dann eintritt, wenn die Kinder krank sind und sie gleichzeitig berufliche Verpflichtungen wahrzunehmen hat, die sie weder verschieben noch an eine andere Person delegieren kann? Ihr Ehemann ist beruflich sehr viel auf Reisen und wäre nicht spontan verfügbar in einer solchen Situation. Das ist von vornherein klar.

Es ist ihre Mutter Tilly Braun, die stets an der Seite ihrer Tochter ist. Sie steht parat, wohnt in unmittelbarer Nähe und kümmert sich um ihren Enkelsohn. Als eine Enkeltochter hinzukommt, gibt es zusätzlich eine Kinderschwester, später auch Haustöchter, die mit im Haushalt wohnen, aus Österreich, Finnland und Frankreich, was heute Au-pairs entspricht.

Wenn Helga Pfeil-Braun ihre Mutter nicht gehabt hätte, wäre ein Teil ihrer Einkünfte in eine professionelle, private Kinderbetreuung geflossen, die sie unabhängig von öffentlichen Einrichtungen gemacht hätte. Das wäre auch nötig gewesen, da deren Öffnungszeiten nicht ausreichten.

Die NEUE

Helga Pfeil-Braun mit ihren Kindern um 1964

Vor allem aber wäre einer berufstätigen Mutter mit einem *erkrankten* Kind nicht geholfen gewesen! Aber genau dieser Fall ist – auch noch heute – für eine beanspruchte Karrierefrau abzusichern. Zwar wird durch eine private Kinderbetreuung ein nicht unerheblicher Teil des Einkommens aufgezehrt, aber eine solche Strategie sichert diese individuelle Art der Erwerbstätigkeit.

Helga Pfeil-Braun wartet bewusst mit ihrer Entscheidung, Mutter zu werden. Zunächst erarbeitet sie sich einen finanziellen Spielraum, der ihr Flexibilität bei der Wahl einer Kinderbetreuung ermöglicht. Zwar kann sie sich auf ihre Mutter verlassen, aber auch diese könnte mal krank werden. Mit ihrem Modell ist sie also auf der sicheren Seite.

Tilly Braun hält ihrer Tochter den Rücken frei mit dem Effekt, dass diese sich ohne jede private Sorge auf ihre beruflichen Themen konzentrieren kann. Nicht nur in Bezug auf den Nachwuchs, sondern auch in allem, was den immer größer werdenden Haushalt betrifft, gibt die Mutter verlässlichen Halt.

Nach einigen Jahren bezieht die junge Familie gemeinsam mit ihr ein schönes Haus in der ruhigen Holzhausen-Gegend. Pflichtbewusst managt Tilly Braun einen Fünf-Personen-Haushalt, unterstützt von einer Zugehfrau. Darin ist sie perfekt und diszipliniert in ihrem Tagesablauf.

Um 6 Uhr steht sie auf, um sich in ihrer Küche einen Kaffee zu brühen und sich anschließend ihren häuslichen

Aufgaben zu widmen. Gegen 20 Uhr geht sie in ihr Zimmer, wo sie die täglichen Ausgaben gewissenhaft in ihrem Haushaltsbuch einträgt, was allerdings nie von ihr verlangt wird. Um 21 Uhr geht sie zu Bett und blättert noch eine Weile in der Zeitung. Unterbrochen wird der Tag von zirka einer Stunde, während der sie sich auf ihrer Chaiselongue ausruht. Auch die Essenszeiten mittags mit den Kindern, wenn sie aus der Schule kommen, und abends mit der ganzen Familie, ein zweites Frühstück vormittags und ein Kaffeepäuschen nachmittags sorgen für innere Einkehr. Und freitags geht es zum Friseur.

Zu diesem vorbildlichen Haushalt gehört es auch, Vorsorge zu treffen. So gibt es einen Kellerraum – einen Luftschutzkeller – mit einem großen Regal, das mit haltbaren Lebensmitteln aufgefüllt ist. Tilly Braun ist immer besorgt. Dennoch zeigt sie sich überaus robust – robust geworden durch *zwei* grausame Weltkriege, die sie hatte miterleben müssen, und die Notwendigkeit, zweimal beinah aus dem Nichts heraus wieder ihr Leben aufzubauen. Sie weiß, was Mangel und Not bedeuten!

Genauso hat sie für den Fall vorgebeugt, dass sie irgendwann einmal ein Krankenhaus sollte aufsuchen müssen. In ihrem Zimmer steht ein kleiner Lederkoffer, den sie sorgfältig mit allem Benötigten gepackt hat. Sie möchte niemals jemandem zur Last fallen.

Die häuslichen Aufgaben sind ihr Kosmos, in den ihr niemand reinreden darf, schließlich hat sie als junge Frau umfassend gelernt, wie ein Haushalt zu führen ist, denn diese Rolle war für sie innerhalb der Ehe vorgesehen. Darüber hinaus wurde sie zwar als Schneiderin ausgebildet, aber nur für den Fall, dass sie eines Tages hätte berufstätig werden und Geld verdienen *müssen*.

Mit den neumodischen Ideen ihrer Tochter freundet sie sich – wenn überhaupt – nur zögerlich und oftmals kopfschüttelnd an:

„Kind Gottes!" Auch das Arbeitspensum, das sich ihre Tochter selbst auferlegt, bereitet ihr unablässig Sorge. Aber sie unterstützt sie gewissenhaft und ist sehr stolz auf sie.

Als eine junge Witwe, die nicht wieder geheiratet hat, war Tilly Braun in ihrer Zeit vom gesellschaftlichen Leben weitgehend ausgeschlossen gewesen. Eine erfüllende Aufgabe ermöglicht ihr das familiäre Umfeld ihrer einzigen Tochter mit Ehemann und Kindern. Zugleich liefert sie mit ihrer Fürsorge eine verlässliche Basis, auf die Tochter Helga mit ihren ungewöhnlichen Ideen felsenfest bauen kann.

Was Mutter und Tochter eint, ist – abgesehen von Disziplin und Zuverlässigkeit – die unumstößliche Gewissheit, das Richtige zu tun. Allerdings versteht jede von ihnen etwas anderes unter „dem Richtigen".

Hier prallen also zwei Welten aufeinander. Tilly Braun ist zutiefst einem traditionellen Frauenbild verhaftet. Ihre Vorstellung davon, wie Kinder zu erziehen sind, kollidiert enorm mit den Ansichten ihrer „modernen" Tochter. Die Mutter meint auch, sich in so manches einmischen zu müssen. Allerdings kann sie sich absolut nicht in eine Frau hineinversetzen, die zusätzlich zu Mann und Kindern noch eine berufliche Karriere macht. Die Herausforderungen, die mit diesem Balanceakt einhergehen, kann sie sich nicht vorstellen.

Ein Beispiel für die unterschiedlichen Sichtweisen ist der Muttertag. An lediglich einem Tag des Jahres geehrt zu werden anstatt an jedem Tag, leuchtet Helga Pfeil-Braun nicht ein. Ein Verherrlichen der Mutterschaft jedoch erinnert sie an die Zeit im Nationalsozialismus, als in Müttern reine „Gebärmaschinen für den arischen Nachwuchs" gesehen wurden. Folglich lehnt sie diesen Ehrentag für sich entschieden ab. Aber sie weiß um die Erwartung ihrer eigenen Mutter – die diesen Tag noch als einen völlig unpolitischen in den 1920er-Jahren kennengelernt hat –, nämlich an jenem bestimmten Sonntag Blumen, eine Torte und einige Worte des Dankes zu erhalten.

Helga Pfeil-Braun löst diesen Konflikt nicht etwa, indem sie als Hausherrin rigoros ihre eigene Meinung durchsetzt oder gar – um des lieben Friedens willen – so tut, als wolle auch sie selbst gefeiert werden. Stattdessen führt sie einen Kompromiss herbei.

Ihre Mutter erhält, was sie erwartet, auch ein herzliches Dankeschön von ihrem Schwiegersohn und den Enkeln, gefolgt von einem Kaffeekränzchen mit der Familie. Zugleich verdeutlicht Helga Pfeil-Braun ihren eigenen Kindern, dass sie nie von ihnen in dieser Weise gewürdigt werden will und sich diese Tradition lediglich auf deren Großmutter bezieht.

Sie zeigt damit, wie verschieden Frauen denken können und wie sehr Kompromisse ein harmonisches Miteinander begünstigen.

Als die Kinder in die Pubertät kommen, organisiert Helga Pfeil-Braun geschäftliche Aufgaben von zu Hause aus. Die Anwesenheit einer Mutter ist ihrer Meinung nach vor allem in dieser entscheidenden Entwicklungsstufe von Kindern erforderlich.

„Ein Fläschchen können auch andere dem Baby geben!"

Sie möchte täglich wissen, was sich in der Schule zugetragen hat, die Kinder auffangen mit all den Geschichten, die sie von dort mitbringen. Für Hausaufgaben ist sie allerdings nie verfügbar. Das erledigen die Kinder allein oder gemeinsam mit Freunden. Falls die Noten abzurutschen drohen, wird eine Nachhilfe organisiert.

Helga Pfeil-Braun priorisiert und delegiert! Das Zuhause gleicht während dieser Phase viel eher einer Leitstelle, wo alle Fäden zusammenlaufen und jede Aktivität von ihr kontrolliert wird. Dennoch bleibt es ein warmes Zuhause.

In dem Wohnzimmer steht unter anderem ein großer Schreibtisch mit einer Adler-Schreibmaschine, umringt von Papieren und Büchern. Wann immer möglich, arbeitet Helga Pfeil-Braun in ihrem Homeoffice. Sobald sich eine zeitliche Lücke ergibt, setzt sie sich an ihren Schreibtisch. Sie befindet sich zu Hause quasi immer in einem

Stand-by-Modus für ihre Arbeit. Das möchte sie nicht jeden sehen lassen. Sobald Besuch kommt, nimmt sie eine große, blütenweiße, feine Damast-Tischdecke, um ihren Arbeitstisch darunter zu verbergen.

Bei diesen Kaffee-Besuchen werden übrigens niemals Kochrezepte ausgetauscht, was durchaus unter Frauen üblich ist. Stattdessen lenkt die Gastgeberin das Gespräch auf ihre Lieblingsthemen, wie beispielsweise Reisen, Kindererziehung und unbedingt auf den beruflichen Erfahrungsaustausch.

Berufliches und Privates sind untrennbar miteinander verwoben, ein klares Abgrenzen findet zu keiner Zeit statt. Es ist ein stetes Balancieren von Aufgaben und Bedürfnissen aller in einem Mixtum compositum.

Wie sehr Helga Pfeil-Braun private Ereignisse und ihren Beruf miteinander verzahnt, zeigt sich auch bei der USA-Reise im Jahr 1958. Ihr Mann hat dort für seinen Arbeitgeber – „Max Braun" in Frankfurt – Vorträge zu halten. Sie treffen sich in New York und fahren gemeinsam mit dem Schiff zurück. Eigentlich ist das eine private Reise für sie. Aber sie macht daraus eine Geschäftsreise, indem sie bei dem Amerikanischen Sekretärinnen-Verband einen Vortrag hält. Die entstandenen Fotos werden anschließend mit ihren Berichten veröffentlicht.

Sogar im Urlaub kombiniert sie Privates mit Beruflichem. Nachdem das Ehepaar durch intensives Arbeiten seit Kriegsende zu solidem Wohlstand gekommen ist, entschließt es sich dazu, eine kleine Ferienwohnung in

Österreich zu kaufen. Über viele Jahre hinweg ist der hübsche Kurort Igls ein beliebter Treffpunkt für die Familie und viele Freunde. Nicht nur das.

Helga Pfeil-Braun organisiert einen Seminarraum und unterrichtet dort deutsche und österreichische Sekretärinnen. Zudem akquiriert sie in Österreich neue Auftraggeber. Flugs wird der bislang private Urlaubsort gleichzeitig zu einem Seminarort.

Ihre Tochter Jutta führt sie noch zu Schulzeiten an geschäftliche Aktivitäten heran. Diese hilft beim Organisieren von zu Hause aus mit und übt nebenbei das selbstständige Arbeiten in einem Homeoffice ein.

Ehemann Wolfgang ist nach vielen Jahrzehnten in Führungspositionen bei der Braun AG in Kronberg pensioniert. Ab jetzt unterstützt er das berufliche Engagement seiner Frau dadurch, dass beide zu den Seminarorten quer durch Deutschland reisen, auch unterwegs Freunde besuchen, was beide genießen und lange Zeit auf diese Art fortsetzen.

Es zeigt sich also auf vielfältige Weise, wie sehr während der gesamten Ära des Studios Privates und Berufliches ineinanderfließen.

Kann das wirklich stimmen?

Gut organisierte und erfolgreiche Frauen werden von vielen Seiten aufmerksam beobachtet, so auch Helga Pfeil-Braun. Wie gelingt es ihr, berufstätig zu sein, zudem eine harmonische Ehe zu führen, Mutter zu sein, und selbstständig zu arbeiten? Vierfache Aufgaben – gleichzeitig.

Kann das wirklich alles stimmen mit ihrer Bilderbuch-Karriere, ihrer perfekten Leichtigkeit und der häuslichen Harmonie? Gibt es nicht irgendwelche Stolpersteine, Belastendes, Widerstände, die auch eine solche Vorbild-Frau ins Wanken bringen – wenn schon nicht äußerlich, so doch wenigstens innerlich? Und falls sie vorhanden sind, auf welche Weise balanciert sie diese aus?

Jene kaum erkennbaren Seiten ihrer Persönlichkeit existieren, was durch die folgenden drei Beispiele beleuchtet wird.

Die äußere Harmonie sollte nicht darüber hinwegtäuschen, dass Helga Pfeil-Braun oftmals innerlich Spannungen auszuhalten hat. Das erfordert Kräfte und Disziplin, bedeutet manchmal auch Verzicht. Nicht immer kann sie das tun, was sie gerne tun würde. Einerseits freut sie sich über das Zusammensein mit ihrer Familie, will mit Rat und Tat ihre Kinder unterstützen und mit allen zusammen viel Freude haben. Andererseits benötigt sie immer mehr Zeit und Energie, um ihre beruflichen Verpflichtungen erfüllen zu können.

Diese beiden Pole „So will ich jetzt sein" und „So muss ich jetzt sein" sind in ihrem Inneren vorhanden und liegen manches Mal miteinander im Widerstreit. Dem muss sie sich stellen. Sie priorisiert, oftmals nüchtern und sehr schnell. Sie vermittelt der Familie:

Ich bin zwar für euch da, aber nicht jederzeit verfügbar. Helga Pfeil-Braun lässt sich kaum vereinnahmen.

Auch eigene Befindlichkeiten immer in der Weise und genau in der Situation, wie sie gerade emporkommen, zu zeigen, kann sie sich in ihrer beruflichen Position nicht erlauben. Sie darf sich nicht provozieren lassen. Sie würde als „typisch Frau", als nicht geeignet für den Beruf, als nicht belastbar und vieles andere mehr etikettiert werden und wäre damit angreifbar. Sie wäre in ihrer Rolle als Karrierefrau, die alles im Griff hat, unglaubwürdig.

Nicht nur, dass sie es sich in ihrer Karriere-Rolle nicht leisten kann, aus der Haut zu fahren, sie kann es ebenso wenig in ihrer Vorbild-Rolle. Denn wie kann man von anderen ein Verhalten erwarten, das man selbst nicht zu zeigen in der Lage ist. Und zu ihren Werten gehört es eben, sich anderen gegenüber taktvoll und mit Respekt zu verhalten, ihnen nicht die eigenen Gefühle aufzudrücken, wann immer *ihr* danach ist.

Berufstätige, die das „richtige Maß" überstrapazieren, laufen Gefahr, sich dadurch für ihre Position zu disqualifizieren, wofür es auch aktuelle Beispiele aus dem öffentlichen Leben gibt.

Um ihre Karriere- und ihre Vorbild-Rollen also glaubwürdig auszufüllen, kontrolliert Helga Pfeil-Braun ihr Handeln. Zum einen hält sie die Stärke unerwünschter Gefühle im Zaum, zum anderen wartet sie passende Momente für Gefühlsäußerungen ab. Sie reagiert selten impulsiv, sondern reflektiert erst, bevor sie etwas anmerkt, und das meistens in gemäßigtem Ton. Ihrer Freude hingegen lässt sie freien Lauf.

In einem beruflichen Zusammenhang ist ihr diese Selbstkontrolle ziemlich konstant möglich. Privat nicht immer, schon gar nicht in Stresssituationen, das heißt wenn viel Unvorhersehbares gleichzeitig auf sie einstürzt, jeder etwas von ihr will, nicht alles so läuft, wie sie es gerne hätte, und sie unter Zeitdruck reagieren muss. Wenn sie sich dann ärgert, sagt sie schon mal:

„Schluss jetzt!" und verlässt gegebenenfalls das Zimmer, um nach kurzer Zeit wieder gesammelt zurückzukommen und das Thema zu wechseln.

Ein zweites Beispiel dafür, was Helga Pfeil-Brauns Harmonie ins Wanken bringen kann, betrifft das Arbeiten im Homeoffice. Zunächst klingt das recht praktisch, beinah entspannt, es hat jedoch so seine Tücken. Zu Hause gehen Familienmitglieder ein und aus, erzählen unaufgefordert lang und breit ihre Geschichten, wollen Zuwendung, eine Freundin will vielleicht am Telefon ein Schwätzchen halten, eine Nachbarin hat gerade Zeit für einen Plausch.

Obwohl sich Helga Pfeil-Braun gerne unterhält und Abwechslungen mag, fühlt sie sich davon während einer beruflichen Phase regelrecht gestört. Sie wird dadurch aus ihrem Gedankenfluss herausgerissen. Sich dann wieder in ihr Thema einzufinden, das zudem noch ganz anders ist als alles Private, kostet wertvolle Zeit, die sie ungern verschenken möchte. Im Übrigen leidet die Konzentration, was ein fehlerhaftes Arbeiten begünstigt.

Deshalb schafft sie sich für bestimmte Aufgaben einen ruhigen Rückzugsort, indem sie nachts oder früh morgens arbeitet, wenn andere schlafen. Sie braucht Ruhe und Konzentration.

Junge Eltern, die heute zu Homeoffice-Zeiten von ihrem Nachwuchs abgelenkt werden, finden eine ungestörte Arbeitsatmosphäre in „Co-Working-Spaces", die mit einer Kinderbetreuung auf einer separaten Etage im selben Gebäude kombiniert sind.

Während ihrer Arbeitsphasen grenzt sich Helga Pfeil-Braun von der Familie und Freunden konsequent ab. Das gelingt meistens, weil sie selbst diszipliniert ist und ihr von allen anderen in ihrem Umfeld Verständnis entgegengebracht wird. Aber wie ergeht es ihr, wenn sie kein Verständnis – mehr – von einem nahestehenden Menschen erhalten *kann*?

Seit ihre Mutter in einem Senioren-Stift lebt, finden fast allmorgendlich Telefonate zwischen beiden statt. Zwar weiß Helga Pfeil-Braun ihre Mutter dort in fürsorglichen, allerbesten Händen, dennoch belastet die zunehmende Verwirrtheit ihrer Mutter sie sehr. Sie ist gezwungen, diesem Schicksal tatenlos zuzusehen. Auch nach einem solch traurigen Telefonat ein Seminar zu eröffnen und den ganzen Tag über Positives, Motivierendes auszustrahlen, bedeutet einen Kraftakt, den sie aushält.

Für ihre Kinder ansprechbar zu bleiben, eine verantwortungsvolle Tochter zu sein, mit ihrem Mann eine harmonische Zeit zu verbringen, mit Freunden gesellig zu feiern und sich schließlich Fragen und Problemen ihrer Teilnehmerinnen zu stellen, fordert Helga Pfeil-Braun. Dabei sind es weniger die Aufgaben und Wünsche im Einzelnen als viel eher deren Gleichzeitigkeit, insbesondere während der Rushhour des Lebens, die sie schon mal aus der Ruhe bringt. Alle wollen etwas von ihr.

Es ist ihr eigener Anspruch, sehr viel von sich zu erwarten, denn sie weiß um ihre innere starke Kraft, die in ihr zunächst von ihrer Mutter aufgebaut worden war. Auf dieses solide Fundament konnte sie sich stets verlassen und sich weiter entfalten.

Die positiven Erfahrungen damit, schwerste Krisenzeiten bewältigt zu haben, stärken zusätzlich ihr Vertrauen in sich selbst. Dieses Wissen stabilisiert sie zu jeder Zeit.

Ein drittes Beispiel für disharmonische Zeiten verweist auf eine Wende in ihrem Leben, mit der sie nicht gerechnet hat, der sie sich aber nicht entziehen kann.

Das Privatleben wird über die Jahre ziemlich dominiert von ihrem Streben nach Perfektion und den

Standpunkten, die sie beruflich vertritt. Sie erwartet, dass ihre Kinder diese Sichtweise und ihren Stil zu übernehmen haben, zumal ihr der berufliche Erfolg recht zu geben scheint. Immerhin kann sie bereits etwa zwanzig Berufsjahre mit ihrem Studio nachweisen. Sie ist anerkannt in ihrem Metier, lebt – bildlich gesprochen – auf einem Hochplateau. Ohne darüber zu reflektieren, geht sie davon aus, dass sich die Akzeptanz ihrer Ansichten auch privat so fortsetzt, dass ihr gefolgt wird. Sie hat sich regelrecht in einen Kokon eingewoben.

Ihre Haltung trifft zu Hause immer öfter auf Widerstand, zumal sich ihre Kinder in der Pubertät befinden, einer Phase, in der alles hinterfragt wird. Hinzu kommen die Rahmenbedingungen dieser 70er-Jahre:

Terror überschattet das Land, Straßenschlachten finden statt, Drogenkonsum erreicht die Schulen, Schülerinnen und Schüler, Studentinnen und Studenten rebellieren gegen gängige Vorstellungen im Elternhaus, in Schule, Universität, Gesellschaft und im Staat. Viele Jugendliche tragen lange Haare, kleiden sich nachlässig und provozieren bewusst durch unangemessene Umgangsformen. Die Beatles und andere Pop-Gruppen elektrisieren die Jugend mit einem neuen Sound, Miniröcke und grelle Farben sind modern. In jener Zeit werden die Schleusen für neue Lebensweisen, Musik-, Mode- und Einrichtungsstile weit geöffnet.

Deshalb kommt es in vielen Familien zu lebhaften Diskussionen, manchmal sogar zu erbitterten. Die Zeiten sind überaus bewegt.

Solche Turbulenzen gehen an Helga Pfeil-Brauns Familie nicht spurlos vorüber. Die äußeren Umstände zwingen sie zu unerwarteter Selbstreflexion. Sie erkennt, dass es an der Zeit ist, ihre Sichtweisen und Erwartungen zu überdenken. Allerdings:

Einem Menschen, der davon überzeugt ist, seine eigenen Ideen ausschließlich selbst verwirklicht zu haben, und er mit lediglich 40 DM als finanzieller Ausgangslage anfangen musste, der also durchdrungen ist von seiner Erfolgsgeschichte – einem solchen Menschen fällt es besonders schwer, sein bewährtes Gedankengebäude zur Diskussion zu stellen.

Es ist ein langer Lernprozess für sie, die Fragen ihrer Kinder und die Befindlichkeiten einer neuen Generation nachzuvollziehen. Das heißt nicht, dass sie jemals ihre eigenen Werte aufgeben würde. Im Gegenteil. Helga Pfeil-Braun sieht sich herausgefordert, sich noch eindeutiger Strömungen gegenüber, die ihr widerstreben, abzugrenzen.

Extreme Gruppierungen, die mit radikalen Mitteln ihre Meinung durchsetzen wollen, lehnt sie entschieden ab. Auch wehrt sie sich gegen einen abfälligen sprachlichen Ausdruck, respektlose Umgangsformen und ein nachlässiges äußeres Erscheinungsbild. Die Lebenserfahrung hat ihr gezeigt, wie sehr sich Menschen von einem derartigen Verhalten missachtet und nicht wertgeschätzt fühlen. Folglich tut sie alles dafür, um klarzustellen:

In einen solchen Sumpf von Respektlosigkeit und Kulturlosigkeit lasse *ich* mich nicht hineinziehen, ich halte dagegen!

Gleichzeitig nimmt Helga Pfeil-Braun zur Kenntnis, dass ihr Maßstab zu *ihr* gehört und nicht – mehr – ohne Weiteres an andere angelegt werden kann. Es wird ersichtlich, dass ein Wandel der Gesellschaft nicht aufzuhalten ist. Diesem passt sie sich an. Aber nicht tatenlos oder gar naserümpfend mit dem – resignierenden – Spruch:

„Früher war eh alles besser!" Nein, das äußert sie nicht.

Sie setzt sich mit den aktuellen Themen auseinander, liest viel darüber, informiert sich durch entsprechende Fernsehberichte, diskutiert mit jungen Leuten, stellt Fragen, hört zu und wechselt immer öfter die Perspektive. Auf diese Weise tastet sie sich mehr und mehr an eine Vielfalt von Meinungen und Lebensweisen heran, lernt, diese immer öfter gelten zu lassen, auch wenn sie ihr selbst kaum entsprechen.

Dennoch integriert sie Modernes in ihr Leben. Das erkennt man an ihrem Modestil, an der Inneneinrichtung, auch an der ein oder anderen Formulierung. Zum Beispiel ersetzt sie das Wort „Entschuldigung" durch „Sorry". Englische Begriffe in den Sprachgebrauch einfließen zu lassen wirkt jung und cool.

Helga Pfeil-Braun sperrt sich nicht und geht mit der Zeit, ein Weiter-so-wie-bisher gibt es jetzt nicht mehr, ansonsten drohten ihr – als einer bislang überzeugenden Dozentin im Beruf – Glaubwürdigkeit und Akzeptanz zu entgleiten. Diese Einsicht ermöglicht ihr, die aktuellen Lebens- und Berufssituationen der immer jünger werdenden Teilnehmerinnen in ihren Seminaren zu erfassen.

Infolgedessen ist sie in der Lage, zeitgemäß zu beraten und letztlich den nächsten Karrieresprung hin zu einer „Fachdozentin unterwegs in Europa" zu vollziehen.

Der Kokon bricht auf.

Chefin als Übergang – Mentorin ein Leben lang

Nachdem Tochter Jutta als Diplom-Kauffrau ihr Studium abgeschlossen hat, empfiehlt ihr die Mutter, offiziell als Mitarbeiterin im Studio zu arbeiten:

„Mach das doch, du bist sehr geeignet für die Weiterbildung!" Tochter Jutta willigt gerne ein, denn ihr ist bewusst geworden, wie sehr dieses Berufsfeld sie interessiert und wie vertraut sie mit vielen Aufgaben dort bereits ist. Auf ihren Erfahrungen damit kann sie problemlos aufbauen. Vor allem sieht sie die große Chance, von einem Profi lernen zu dürfen. Was könnte ihr Besseres passieren!

Ab diesem Moment wird die Mutter zur Chefin ihrer Tochter. Zugleich füllt sie ihre Rolle als Mentorin besonders intensiv und in erheblich größerem Umfang als anderen gegenüber aus.

Von Anfang an fordert sie von ihrer neuen Mitarbeiterin einen hohen Arbeitseifer und unermüdliches Interesse für *alle* Aufgaben, da man in einem kleinen Geschäft mehr oder weniger ein „Allrounder" zu sein hat.

Einen geregelten Acht-Stunden-Arbeitstag im Homeoffice gibt es nicht. Hauptsache, die organisatorischen Aufgaben – die Papierkorrespondenz, Terminabsprachen, das Vorbereiten von Seminarunterlagen, Reisen, Festen, Unvorhergesehenem – und die telefonischen Anfragen sind zuverlässig erledigt. Für die Seminartage in Hotels sieht es hingegen anders aus. Sie beginnen etwa um 6:30 Uhr mit dem Frühstück, da man jetzt bereits den ersten Teilnehmerinnen begegnet, und sie enden gegen 21 Uhr.

Helga Pfeil-Braun begründet ihre Erwartungen stets mit dem Hinweis:

„Du kannst viel lernen bei mir!"

Das stimmt auch. Sie sorgt für umfassende Einblicke in ihre bewährte Arbeitsweise, erklärt berufliche Zusammenhänge und macht auf jedes Detail aufmerksam. Der Chefin entgeht nichts. Sämtliche Termine, Namen und Begebenheiten hat sie in ihrem trainierten Gedächtnis an der richtigen Stelle abgelegt, diese sind deshalb jederzeit abrufbar – Notizen auf Papier existieren kaum.

Helga Pfeil-Braun hat ihrer Mitarbeiterin mehr als dreißig Jahre im Beruf voraus, weiß folglich worauf es ankommt und wie die Dinge zu sein haben. Sie ist gründlich, dabei außerordentlich bestimmend, üblicherweise in freundlichem Ton.

Die Mentorin ist offen für Fragen, hört zu und gibt konstruktives Feedback. Das bedeutet, dass sie lobt, falls nötig konsequent auf Fehler hinweist, erklärt, wodurch diese entstanden sind und wie man es besser machen kann. Durch den freundlichen Satz:

„Das ist nicht schlimm, versuch' es nochmal!", ermutigt sie die Tochter, aus ihren Fehlern zu lernen und nicht etwa Angst vor ihnen zu haben.

Eine prompte Rückmeldung kommt ebenfalls dann, wenn ihre neue Mitarbeiterin eine Aktion erstmals in die

Wege geleitet hat und das Ergebnis anders ausgefallen ist, als von ihr erwartet. Das ereignet sich zwar nicht oft, aber es kommt zu Beginn ihrer Tätigkeit schon mal vor. Zudem wird zunächst – durchaus emotional – die Ursache für den Fehlschlag bei anderen gesucht. Die Mentorin weist sie nüchtern zurecht:

„So hast du es gewollt!" Dieser Hinweis beinhaltet gleich zwei eindringliche Botschaften, nämlich:

„Sei dir dessen bewusst, dass *du* es bist, der diese Entscheidung getroffen hat, niemand sonst!", aber auch:

„Verantworte, was du entschieden hast, selbst dann, wenn das Ergebnis nicht dem entspricht, was du erwartet hast! Deshalb bedenke gut, was du tust!"

Helga Pfeil-Braun stellt damit unmissverständlich klar, dass Entscheiden und Verantworten zwei Seiten derselben Medaille sind, von denen man sich nicht nur eine aussuchen kann. Beim Lösen des aktuellen Problems hilft sie bei Bedarf mit einem guten Rat.

Doch gibt sie nicht nur Feedback. Die Chefin demonstriert ihrer Mitarbeiterin ihre spezielle Methode des Unterrichtens in den Seminaren und ermöglicht es dieser hin und wieder ein eigenes Thema vorzutragen. Dafür sind sie jetzt gemeinsam auf Geschäftsreisen durch Deutschland und Österreich unterwegs. Somit sind Jutta Pfeil abwechslungsreiche professionelle Situationen und Erfahrungsberichte der Teilnehmerinnen verfügbar.

Deren Erzählungen über Erfolge, Probleme, Enttäuschungen und Entscheidungen im Leben haben diese nicht deshalb erfahren oder getroffen, weil sie Sekretärinnen, sondern weil sie Frauen im Beruf sind. Solche breit gestreuten Perspektiven sind für die Mitarbeiterin neu und regen sie zu intensiver Selbstreflexion an. Auch, dass sämtliche Teilnehmerinnen älter sind als sie, bereits gefestigt im Leben stehen und diese noch bevor sie zwanzig Jahre alt waren, von einer beruflichen Praxis geprägt wurden, weckt ihr Interesse.

Solche lebensnahen Beispiele, die Atmosphäre in den Schulungen und die Themen wecken in Jutta Pfeil den Wunsch, sich weiter intensiv mit dem Beruf zu beschäftigen, insbesondere mit dieser Form der Weiterbildung.

Geld zu verdienen, dabei die eigenen Fähigkeiten entwickeln zu können, anerkannt zu werden, zudem Planungssicherheit zu haben, fördern das Selbstbewusstsein und die Unabhängigkeit. Allmählich kristallisieren sich diese Bedürfnisse immer sichtbarer bei ihr heraus und werden von der Chefin beständig motiviert.

In den Seminaren steht die neue Mitarbeiterin von nun an für die junge Generation und sie führt Video-Einheiten zum Thema „Sicheres Auftreten im Beruf" durch, wobei jede Teilnehmerin aufgenommen und individuell beraten wird. Ihre Mentorin gibt anschließend hin und wieder einen Tipp zu ihrer Vorgehensweise, was den Weg zum zusätzlichen Ausbildungsziel „Seminarleiterin" festigt.

Jutta Pfeil ist sich im Klaren darüber, dass ihre Chefin diejenige sein will, die darüber entscheidet, was wann und in welcher Weise zu erfolgen hat. Jedoch ist diese vorherrschende Aufgabe des Zuarbeitens für die Mitarbeiterin im Lauf der Zeit zur Routine geworden.

Abgesehen davon soll deren Wirken unverändert in dem Pfeil-Braun-Stil erfolgen, da sie das über Jahrzehnte gefestigte Image des Studios repräsentiert. Dieses Schema ist verständlich, denn es ist erfolgreich. Ebenso stimmt sie mit den Aussagen, die in den Seminaren von ihrer Vorgesetzten getroffen werden, weitestgehend überein. Allerdings findet sie, dass manche Inhalte und Vortragsweisen ihrer eigenen Vorstellung entsprechend angepasst werden sollten und nicht eins zu eins übernommen, wie von ihrer Chefin vorgegeben und erwartet.

Über ihre Zeit kann Jutta Pfeil kaum noch selbst bestimmen. Eigene geschäftliche Entscheidungen sind reduziert, damit auch ihr Verantwortungsbereich.

Das ausschließliche Erfüllen von Erwartungen, ohne dabei selbst etwas einbringen zu können, mündet in der Erkenntnis, auf das Modell der „guten Nummer zwei" festgelegt zu sein. Ein Zustand, der sich bequem noch lange in dieser Form fortsetzen ließe. Genau wegen dieser Lage sieht sie sich in jene Schranken verwiesen, die sie für ihre berufliche und persönliche Entwicklung gerne geöffnet hätte.

Also zweifelt sie nach einigen Jahren eine berufliche Zukunft für sich im Studio an und steht in den Startlöchern für Plan B. Wenn nicht sie es ist, die sich bewegt, ihre abgesicherte Komfortzone verlässt und Risiken für einen neuen Lebensweg auf sich nimmt, wird sich nichts an ihrer aktuellen Situation ändern!

Als im Herbst 1989 in Deutschland die Mauer fällt, deshalb viele Menschen in Aufbruchstimmung geraten, nimmt sie dies zum Anlass, sich beruflich neu zu orientieren:

„Was hieltest Du davon, wenn ich eine Dependance vom Studio in Berlin eröffnen würde? Nah an den neuen Bundesländern, um auch dort Seminare anzubieten".

Ihre Chefin hat keinerlei Einwände und unterstützt mit Rat und Tat die Ambition ihrer Mitarbeiterin, die 1990 umzieht und sich in ihrer neuen Wohnung ein eigenes Homeoffice einrichtet. Beide bauen eine stabile Brücke Berlin – Frankfurt auf, bleiben also in regem Kontakt miteinander.

In Berlin beginnt Jutta Pfeil eigene Auftraggeber zu akquirieren und ihre Chefin überträgt ihr einige Aufträge, von denen sich diese komplett zurückzieht. 1993 macht sich die Mitarbeiterin selbstständig. Die Mentorin widerspricht nicht; es beruhigt sie zu wissen, dass sich ihre Tochter über die Jahre ein finanzielles Polster aufgebaut hat, das diese im Falle eines Misserfolgs auffangen und dabei helfen würde, Durststrecken zu überwinden.

Jutta Pfeil kann nun allein entscheiden und verantworten. Ihr Handlungsspielraum hat sich durch diese Weichenstellung bedeutend erweitert.

Ihr Seminarangebot richtet sich nicht mehr ausschließlich an Sekretärinnen, sondern an sämtliche

Berufsgruppen, ist also themen- und nicht mehr zielgruppenorientiert wie im Studio. Nun hat sie die Freiheit, Lehrinhalte und Darstellungsweisen laufend an die neuen Erfahrungen in ihrer eigenen beruflichen Praxis anzupassen. Nach ein paar Jahren spezialisiert sie sich auf einige Themen aus dem Spektrum der sogenannten „Soft Skills", nämlich auf die verbale und averbale Kommunikation und Sozialkompetenz.

Nach wie vor reist Jutta Pfeil zu den Schulungen ihrer Mentorin an verschiedene Standorte, bei denen sie assistiert und für die Video-Trainings zuständig ist. Sie ist doppelt beansprucht, viel auf Reisen und stürzt sich neugierig und motiviert in die beginnende Rushhour ihres eigenen Lebens.

Helga Pfeil-Braun reduziert nach und nach ihr Arbeitsvolumen auf ein ihr angenehmes Maß; Jutta Pfeil springt nur noch gelegentlich ein. Die Dependance wird infolgedessen aufgelöst.

Die Mutter erkennt die Selbstständigkeit ihrer Tochter an und bleibt bei Bedarf als Mentorin für deren berufliche Themen ein Leben lang ansprechbar.

Der Wandel: Emanzipieren und Digitalisieren

Eine Dozentin, die sich annähernd fünfzig Jahre lang fast ununterbrochen im Dialog mit Sekretärinnen und Assistentinnen befindet, bewegt sich nah am Puls der Zeit. Helga Pfeil-Braun erlebt hautnah jenen Prozess, der Frauen zunehmend erkennen lässt, wie wenig ihnen die alten Rollenbilder entsprechen – sie emanzipieren sich.

Ab den 1960er-Jahre fordern Frauen, dass sich ihre schulischen, beruflichen und finanziellen Möglichkeiten verbessern und auch in der Ehe die Rechte und Pflichten in gegenseitigem Einvernehmen geregelt werden. Mütter erwarten mehr Kindergarten-Plätze und Ganztagsschulen, die ihnen den Weg in den Beruf erleichtern oder überhaupt erst ermöglichen. Gesetze werden allmählich angepasst, aber es handelt sich alles in allem um einen langwierigen Reformprozess in der Bundesrepublik, der nicht abgeschlossen ist.

Die Rechte von Frauen am Arbeitsplatz und der Mutterschutz werden zwar allmählich gestärkt, aber berufstätig und gleichzeitig Mutter zu sein, ist immer noch schwer vereinbar. Das zeigt sich sogar in den Seminaren. Auffallend viele Teilnehmerinnen haben keine Kinder, weil sie sich auf ihren Beruf konzentrieren. Vor allem in Spitzenpositionen bei den Unternehmen und Banken ist es kaum anders möglich, da der Arbeitstag früh morgens beginnt und das Ende nicht absehbar ist. Erst nach und nach verbinden mehr Frauen ihren Beruf mit Mutter-Sein. Ihr Selbstbewusstsein hat unübersehbar zugenommen und etliche haben Ansehen in ihrer beruflichen Position erlangen können.

Im Lauf der Zeit stellt eine große Zahl von ihnen jenes Sekretärinnen-Profil infrage, das nur darauf abzielte, dem Chef den Rücken freizuhalten und ihm auf Anweisung zuzuarbeiten. Das erinnert sie an die frühere Rolle einer Ehefrau, von der Ähnliches erwartet wurde, nur bezogen auf ihren Ehemann. Sekretärinnen empfinden diese offenkundige Parallele als diskriminierend und demütigend und wird von ihnen abgelehnt. Frauen definieren sich in ihren Rollen neu, der Handlungsspielraum erweitert sich deutlich.

Das frühere Denken in Schwarz oder Weiß, also entweder Beruf oder Familie, wird aufgeweicht. Frauen streben es an, nach ihrer eigenen Façon das Leben zu gestalten, ob als Single oder in Gemeinschaft, mit oder ohne Kind, mit oder ohne Karriere. Anders als früher, ermöglicht die neue Form der „Multioptionsgesellschaft", sich auf einem breiten Spektrum der Möglichkeiten dort zu verorten, wo man es will, wo man es kann und darf.

Zu dieser Breite gesellschaftlicher Perspektiven kommt die vernetzte digitale Kommunikation schrittweise hinzu. Beides sind Potenziale, die ein sinnvolles Verknüpfen miteinander zulassen und dadurch eine individuelle Lebensgestaltung erleichtern können.

Der elektronische Fortschritt und ein verändertes Frauenbild wirken sich direkt auf das Berufsprofil „Sekretärin" aus. Mitarbeiterinnen übernehmen immer öfter Assistenz-Aufgaben auf Augenhöhe mit Vorgesetzten, erhalten stichwortartig einen Auftrag und haben freie Hand im weiteren Bearbeiten.

Dieses Verständnis gleichberechtigter Rollen, das sich unaufhaltsam den Weg bahnt, lag schon immer auf der Linie von Helga Pfeil-Braun. Sie hatte bereits seit den 1950er-Jahren berufstätige Frauen daraufhin geschult, dass sie sich aus ihrer devoten Rolle befreien, selbstständig denken, verantwortungsbewusst handeln, ihre Kritikfähigkeit ausbauen und mit einem souveränen Auftreten überzeugen. Zugleich aber auch anpassungsfähig und kompromissbereit bleiben!

Helga Pfeil-Braun war ihrer Zeit voraus gewesen. Deswegen gab es bei ihr niemals eine Unzufriedenheit, die sich in einer Rebellion hätte entladen müssen. Sie wusste schon früh, dass sie sich dauerhaft in keinerlei abhängige Position begeben würde – weder privat noch beruflich –, da diese ihrer Persönlichkeit nicht entsprach. Das traditionelle Lebensmodell für eine Frau, das Entweder-oder, formte Helga Pfeil-Braun zu einem Sowohl-als-auch.

Privat wäre es ihr niemals in den Sinn gekommen, ihren Mann um Geld beispielsweise für ein neues Outfit zu bitten, sich für eine solche Ausgabe zu rechtfertigen oder auch Geschenke zu erwarten. Wünsche dieser Art hat sie sich selbst erfüllt und dafür gesorgt, es sich aus eigener Kraft leisten zu können.

Und beruflich, während ihrer Selbstständigkeit, war sie nicht weisungsgebunden und konnte deshalb entscheiden, wann sie welche Aufträge annahm und an welchen Ort sie gerne reiste.

Sie hatte sich selbst einen großen Aktionsradius geschaffen, um dadurch berufliche Verpflichtungen und private Aufgaben und Wünsche ihr gemäß ausbalancieren zu können. Wie wichtig ihr diese Selbstbestimmung war, lässt sich nicht zuletzt daran ablesen, dass sie sich nie in politischen Organisationen, Verbänden, Vereinen oder sonstigen Netzwerken engagiert hat.

Helga Pfeil-Braun war ihre eigene Chefin!

Der neue Zeitgeist, der sich allmählich in der Gesellschaft behauptet, spiegelt sich auch in dem Programmüberblick eines Prospekts des Studios von 1993 wider:

- „Was heißt Chefentlastung?
- Was kann – was kann nicht delegiert werden?
- Ein Berufsbild wandelt sich – Zukunftsaufgaben als Management-Assistentin
- Schaltstelle Sekretariat – Sekretariatspraxis heute
- Informations- und Kommunikationsaufgaben einer Sekretärin
- Erfahrungsaustausch über elektronische Kommunikationsmittel

- Schwierigkeiten im Informationsfluß und wie man sie verhindert
- Mitdenken setzt Konzentration voraus – mnemotechnische[33] Übungen
- Streß und seine Auswirkungen auf die Informationsspeicherung im Gehirn
- Die 24-Stunden-Säule
- Die Plus-/Minusbilanz des Menschen
- Probleme zwischen Anpassen und Durchsetzen
- Was mache ich, wenn …?
- Wie wird die Sekretärin von anderen „erlebt"?
- Was wird als Dominanzverhalten empfunden?
- Faktoren menschlichen Verhaltens
- Informationen über die Inhalte der Transaktionsanalyse, die Aufschluß geben können über eigenes (Fehl-?) verhalten
- Verhaltensformen gegenüber Vorgesetzten, Mitarbeitern, Besuchern
- Kritikverhalten
- Fragetechnik
- Selbstsicherheit im Auftreten und in Gesprächssituationen. Der endgültige Ablauf richtet sich nach den individuellen Fragen und Schwerpunkten des Teilnehmerkreises."

Was ist an diesem Programm anders als an jenen Themen aus den 50er- und 60er-Jahren? Eines fällt besonders auf:

In der jungen Bundesrepublik hat Helga Pfeil-Braun klare Aussagen darüber getroffen, was eine Sekretärin und wie sie es zu tun hat. „So werden Sie Chefsekretärin" – dahinter steht ein dickes Ausrufezeichen.

In dem Programm der 90er-Jahre stehen mehrere Fragezeichen. Das deutet darauf hin, dass die Teilnehmerinnen viel mehr zur Selbstreflexion und zu Diskussionen eingeladen werden. Außerdem wird berücksichtigt, dass jeder Arbeitsplatz anders ist und es deshalb kein Ausrufezeichen geben kann.

Wie sich dieser Wandel auf ein Sekretariat auswirkt, fasst Helga Pfeil-Braun in einem Vortrag zusammen:

„Eine Assistentin arbeitet jetzt nicht so sehr *für* Vorgesetzte, als viel eher *mit* ihnen und immer selbständiger. Das Arbeiten im Team wird neu entwickelt, Assistentinnen haben immer öfter die Möglichkeiten, auch Aufgaben zu delegieren, die Kommunikation wird als zentrale Aufgabe im Management verstanden, Probleme zwischen Anpassen und Durchsetzen an diesem Arbeitsplatz, Firmenethik und das Commitment der Assistentin mit den Unternehmenszielen werden thematisiert."

Die speziellen PC-Kenntnisse werden inzwischen in gesonderten Seminaren vor allem von Software-Unternehmen vermittelt. Deshalb konzentrieren sich die Schulungen des Studios ab etwa den 90er-Jahren insbesondere auf die nicht-elektronische Kommunikation, psychologische Grundkenntnisse, die berufliche und gesellschaftliche Stellung der Frau gestern und heute, das selbstsichere

Auftreten und auf ihr neues Spezialgebiet, das Gedächtnistraining.

Helga Pfeil-Braun verblüfft ihre Teilnehmerinnen mit einer mnemotechnischen Übung. Dabei werden ihr bis zu dreißig Begriffe, jeweils verbunden mit einer Zahl, zugerufen – eine Teilnehmerin schreibt am Overhead-Projektor mit, ohne dass die Dozentin mitlesen kann. Anschließend kann sie beim Nennen einer Zahl das dazugehörige Wort verkünden. Der Applaus ist Programm!

Helga Pfeil-Braun erklärt danach, wie das Gedächtnis funktioniert, dass ohne Interesse Informationen nicht gespeichert werden können und wie wichtig das Verknüpfen von Gedanken ist, auch in Bildern. Das alles wirkt deshalb besonders überzeugend, da sie bereits in fortgeschrittenem Alter ist.

Im Zuge der Wiedervereinigung in Deutschland 1989, kommt noch einmal eine Welle von Weiterbildungsmaßnahmen auf sie zu. Einige ihrer Firmenkunden haben in die neuen Länder hinein expandiert und dort einen erheblichen Bedarf an Schulungen. Ihr Einzugsgebiet konzentriert sich in den folgenden Jahren auf das Inland.

Bis ins hohe Alter steht sie ganztägige Seminare durch, in denen sie Hinweise und praktische Tipps aus ihrem reichen Erfahrungsfundus weitergibt. Zumeist aber erkennen Teilnehmerinnen in ihr ein motivierendes weibliches Vorbild im Beruf, das ein Leben lang Frauen in deren Selbstbewusstsein gestärkt hat.

Im Jahr 2002, zieht sich Helga Pfeil-Braun aus dem Berufsleben zurück und löst damit nach fast 50-jährigem Bestehen das „Sekretärinnen-Studio Helga Pfeil-Braun" auf.

Roberto Moiola/Sysaworld, Moment, via GettyImages

Skyline Frankfurt am Main

Nachwort

Von Sachsenhausen nach Seckbach – das war eine letzte große Entscheidung, die meine Mutter getroffen hat. Ihr schönes Bürgerhaus in Sachsenhausen, das sie mit vielen glücklichen Erinnerungen verband, verließ sie auf eigenen Wunsch. Da ihr Ehemann Wolfgang nach fast sechzig Jahren eines harmonischen Miteinanders nicht mehr an ihrer Seite war, wurde für sie ein neues Kapitel im Leben aufgeschlagen. Wenn sie mit anderen über die vergangenen Zeiten sprach, betonte sie stets:

„Mein Mann war ein großes Glück in meinem Leben!"

Sie hatte sich in einem sehr hübschen, überschaubaren Apartment in der Seniorenanlage der Henry und Emma-Budge-Stiftung eingerichtet – in den Farben Weiß, Rot, Schwarz. Vom vierten Stock aus genoss sie täglich einen herrlichen Blick auf ihre Heimatstadt Frankfurt am Main mit ihrer imposanten Skyline, die sich während der vergangenen sechzig Jahre zu einem der großen Finanzplätze in der Welt entwickelt hatte. Trotz zahlreicher Reisen im Leben an viele wunderschöne Orte, war sie ihrem geliebten Frankfurt als Lebensmittelpunkt treu geblieben.

Soweit es machbar war, setzte sie ihren Lebensstil fort. Auch bewahrte sie sich in diesem Lebensabschnitt so viel Autonomie wie möglich. Nach wie vor sorgte sie für Lebensqualität mit ihren Ideen und erstaunlicher Energie.

In den Anfangsjahren im Budge-Stift organisierte sie noch Ausflüge mit dem Bus, lud ein, wurde eingeladen und sie schloss neue Bekanntschaften. Sie gestaltete nach der langen beruflichen Phase ihr Privatleben weitestgehend selbst.

Allmählich jedoch strengten die administrativen Aufgaben sie spürbar an, weshalb sie diese komplett in unsere Hände – die ihrer Kinder – legte. Alles brauchte immer mehr Zeit, als sie es von ihrem organisierten und abwechslungsreichen Leben kannte. Das war eine schmerzliche Erkenntnis für sie, aber sie lernte, nach und nach anzunehmen, was nicht – mehr – zu ändern war.

Bis ins hohe Alter zeichnete sie sich durch ein gut trainiertes Gedächtnis aus. Sie wandte nach wie vor die Mnemotechnik an, sodass noch lange ein Gedankenaustausch mit ihr möglich war. Ihre Erzählungen und Fragen, ihr Interesse an anderen Menschen und an deren aktueller Lebenslage waren weiterhin rege. Und wenn sie gedanklich zurückblickte, äußerte sie hin und wieder:

„Ja, wir haben viel gearbeitet, aber wir hatten ein schönes Leben!".

Im Jahr ihres 85. Geburtstags veröffentlichte die F.A.S. einen ganzseitigen Bildbericht über ihre berufliche Karriere mit dem Titel:

„Da habe ich ihm einfach Grüne Soße serviert", und weiter:

„Als die Quote noch kein Thema war – Helga Pfeil-Braun war in der Nachkriegszeit eine der ersten deutschen Unternehmerinnen."[34] Eine lebhafte Resonanz

– Mit freundlicher Genehmigung von Dr. Michael Fleiter –

*Vortrag im Institut für Stadtgeschichte
im Karmeliterkloster
Frankfurt am Main 2011*

folgte auf diesen Bericht und führte zu manch freudiger Wiederbegegnung.

Als ein Frankfurter Kind war meine Mutter besonders stolz darauf, als würdig angesehen zu werden, im Institut für Stadtgeschichte über ihren Berufsweg berichten zu dürfen. Im Rahmen des „Frankfurter Erzählcafés" wurde sie 2011 gebeten, berufliche Kenntnisse und Anekdoten aus ihrer langjährigen Praxis auszuführen. Das Thema lautete:

„Fräulein, bitte zum Diktat! – Ein Berufsbild im Wandel der Zeit."

Sehr gerne gab sie ihre Erlebnisse und Sichtweisen an ein interessiertes Publikum weiter. Im Dormitorium des Karmeliterklosters erzählte sie vor etwa hundert Zuhörern und Zuhörerinnen aus ihrer außergewöhnlichen beruflichen Lebensgeschichte.

Bei diesem Vortrag ging es allgemein um die Rolle der berufstätigen Frau in der Nachkriegszeit, speziell jener der Sekretärin.

Während des Dialogs mit dem Leiter, Dr. Fleiter, halfen ihr Fragen oder einige Sätze von ihm über die ein oder andere emotionale Klippe hinweg. Das geschah immer dann, wenn sie von den Jahren direkt nach dem Krieg berichten wollte. Für einen Augenblick versagte – beinah unbemerkt – ihre Stimme, bis sie sich schnell wieder fangen konnte.

Viele der damals entstandenen tiefgreifenden, seelischen Verletzungen hatte sie ihr Leben lang nicht verarbeiten können. Warum sie zeitlebens einen Schleier über diese Wunden gelegt hat, bleibt im Verborgenen. Für sie war es vermutlich genau richtig, diese Epoche nicht noch einmal in allen Facetten aufleben zu lassen.

Einige ehemalige Teilnehmerinnen hatten zu dem Vortrag im Institut ihr sorgfältig aufbewahrtes Diplom „Geprüfte Sekretärin Helga Pfeil-Braun" mitgebracht. Hin und wieder nickten oder lächelten sie bei so manch vergessen geglaubter Anekdote.

Es wurde ihr letzter öffentlicher Vortrag. Er dauerte zwei Stunden und sie erzählte ohne Mikrofon im Stehen.

Meine Mutter war sechsundachtzig.

Andere erinnern sich

Susanne I. Haas
Susanne Haas hat ab 1975 zwei Seminare erst als Abiturientin, dann als Juristin besucht:

„Helga Pfeil-Braun war eine ganz besondere, ambitionierte und entschlossene Karrierefrau, die durch ihre Eleganz und Souveränität beeindruckte. Ihr sicheres und elegantes Auftreten konnte durchaus einschüchtern, aber wenn man sie davon überzeugt hatte, dass man etwas von ihr lernen wollte, dann war sie eine ausgezeichnete Lehrerin und Mentorin.

Sie war hochintelligent und sehr belesen und ich habe sie eigentlich niemals in einer Lage gesehen, in der sie nicht genau wusste, wie sie sich verhalten sollte. Sie konnte auch sehr kritisch sein, aber sie hatte mit ihrer Kritik fast immer recht.

Sie war eine exzellente und unvergleichbare Organisatorin und hat mich auch mit ihrer Menschenkenntnis beeindruckt.

Sie hatte eine enorme Energie und kam einem niemals müde vor, auch schon ganz früh am Morgen war sie ‚wie aus dem Ei gepellt'.

Ich habe sie auch durchaus als liebevoll und warm erlebt.

Für eine Frau, die sich in einer Männerwelt behaupten musste, zu einer Zeit, in der es kaum Frauen gab, die

Karriere machten, hatte sie eine nicht zu übersehende Präsenz. Sie beklagte sich niemals darüber, dass es für sie schwer gewesen sein muss, ihren Weg zu gehen. Ich hörte und höre bis zum heutigen Tag so viele Beschwerden von Frauen, dass sie ‚unterdrückt' werden bzw. wurden, dass Männer sie nicht für voll nehmen etc. – aber nie von ihr. Sie hat solche Beschwerden nicht geäußert oder als Entschuldigung benutzt. Sie wusste, dass es schwer ist, aber sie hat sich allen Schwierigkeiten gestellt und war eine Vorkämpferin, die auf mich und meine Karriere großen Einfluss hatte.

Zum Zeitpunkt meines Abiturs hatte ich eigentlich keine Karrierefrauen kennengelernt, außer Frau Pfeil-Braun. Es gab natürlich Lehrerinnen und Mütter meiner Freundinnen, die neben der Mutterrolle entweder den Mann in seinem Beruf unterstützten oder im Geschäft mitarbeiteten. Aber Frau Pfeil-Braun war einzigartig – hier war jemand, der sich absolut durchgesetzt hatte und völlig auf eigenen Beinen stand – und nicht in einem typischen unterstützenden Frauenberuf oder als Angestellte.

Ich habe im Kursus beobachtet, wie leicht es ihr fiel, den meist jüngeren Frauen in aller Kürze Selbstbewusstsein zu vermitteln und sie sehr zu beeindrucken.

Ich habe in meiner Karriere oft vor großen Gruppen von Menschen reden müssen und mache es noch heute – und da denke ich oft an Frau Pfeil-Braun und ihr selbstbewusstes Auftreten.

Ich habe nicht zuletzt wegen ihr den Entschluss gefasst, als Juristin und Frau und Mutter meinen Weg zu gehen."

Edgar Gnaß
Ehemaliger Fachbereichsleiter der Verwaltungsschule Kiel, später Verwaltungsakademie bzw. KOMMA Bordesholm. Zwischen 1980 und 1995 haben dort mindestens 500 Sekretärinnen Seminare besucht:

Helga Pfeil-Braun „…hatte die Gabe, sehr schnell die Teilnehmerinnen für sich zu gewinnen, Vertrauen aufzubauen, Wertschätzung auszudrücken. Diese Empathiefähigkeit hat viele Teilnehmerinnen veranlasst, auch aufbauende Seminare zu besuchen. Sie hatte schon ihre ‚Fan-Gemeinde'."

Sieglinde Hutzfeldt
Ehemalige Vorstandssekretärin DG Bank Deutsche Genossenschaftsbank AG, Frankfurt am Main. Sieglinde Hutzfeldt besuchte drei Seminare 1986/87 in der Akademie Deutscher Genossenschaften (ADG) auf Schloss Montabaur:

„Frau Pfeil-Braun war in jeder Hinsicht ihrer Zeit weit voraus. Sie lebte Multitasking schon, bevor viele diesen

Begriff kannten. Sehr kompetent, klug und charmant – mich hat sie nachhaltig beeindruckt.

Ihre Moderation der Seminare in Montbaur war legendär. Neben der Vermittlung des Stoffes gab es unglaubliche Beispiele in Sachen ‚Gedächtnisleistung' und ‚richtiges Lesen'. Damit einhergehend witzige ‚Bonmots' aus dem Sekretärinnen-Alltag. Vieles davon hat sich bei mir bis heute eingeprägt.

Zudem hat mich Frau Pfeil-Braun auf meinem beruflichen Weg viele Jahre in ganz besonderer Weise begleitet: Ihre unersetzliche Publikation ‚Das große Anredenbuch' lag stets griffbereit in meiner Nähe. Es sprach sich herum, dass selbst ungewöhnliche protokollarische Titulierungen und Ansprachen in diesem Buch zu finden waren – sie hätte sich über diesen regen Zuspruch sicherlich gefreut!"

Gerd Loch
Ehemaliger hauptamtlicher Dozent an der bank-eigenen Fachhochschule (FHS) der Bundesbank auf Schloss Hachenburg. 1977/78 wurden etwa 60 Sekretärinnen geschult, 1980 – 1983 ca. 200 Inspektoranwärter/-innen zu dem Thema „Umgangsformen im Beruf":

„Beeindruckt hat mich bei Frau Pfeil-Braun auf Anhieb ihr souveränes Auftreten, das von natürlicher Autorität, breiter und tiefer Berufserfahrung sowie umfassendem Wissen geprägt war. Ihr Verhalten zeigte keinerlei

Anwandlungen von Feminismus. Sie wusste, wer sie war und was sie konnte, und hat damals ihren Weg gemacht, ohne auf ‚Protektion' (Förderquoten o.ä.) angewiesen zu sein.

Sie ließ erkennen, dass sie Menschen wohlgesonnen ist. Sie zeigte nicht deren Schwächen auf, sondern ihr ging es vielmehr darum, Stärken zu entwickeln und zu fördern.

Ich habe sogleich gespürt, dass Frau Pfeil-Braun authentisch war. Sie hat nicht geschauspielert. Aufmachung, Kleidung, Sprache, Mimik und Gestik bildeten eine natürlich wirkende Einheit. Unverkennbar war sie eine ausgezeichnete Beobachterin. Da sie die freie Rede beherrschte, konnte sie Blickkontakt zum Publikum halten und auf non-verbale Signale ggf. umgehend reagieren.

Während die zu schulenden ‚Vorzimmerkräfte' Frau Pfeil-Braun vor keinerlei disziplinarische oder motivationsmäßige Herausforderungen stellten, war das bei den Studierenden vereinzelt anders. Provokationen durch unangemessenes Benehmen oder aggressiv vorgebrachte Zweifel an der Sinnhaftigkeit ihrer Aussagen verstand sie überlegt und überlegen zu parieren, ohne deshalb persönlich betroffen oder überheblich zu wirken. Ich meine, dass sie den jungen Leuten die Zweckmäßigkeit, der von ihr empfohlenen Umgangsformen vermittelt hat. Sie konnte ihnen klarmachen, dass ordentliche Umgangsformen das berufliche Fortkommen und ein positives Betriebsklima ausmachen und fördern."

Maria Loch
Ehefrau | Privater Kontakt:

„Sie hielt Traditionen hoch, war stilsicher und verstand es, Feste formvollendet zu feiern, ohne dass es dabei steif zuging. Sie war herzlich und großzügig. Schon beim ersten Zusammentreffen war sie sehr offen und interessiert, es musste kein Vorhang zur Seite geschoben, keine Unterhaltung mühsam in Gang gebracht oder Verlegenheit überwunden werden."

Dr. Bernt Schulte
Ehemaliger Geschäftsführer des Bildungszentrums der Wirtschaft im Unterwesergebiet (BWU e.V.) in Bremen und Bremerhaven. Ab ca. 1985 wurden dort mindestens 500 Sekretärinnen unterrichtet:

„Ihre Eigenschaften: Großzügigkeit, totale Organisation, gepflegte Erscheinung („immer schick", sagt meine Frau), sehr positive Dominanz mit entsprechender Kompetenz und Souveränität gegenüber ihren Teilnehmern."

Christine Stabel
Ehemalige Referentin an dem Österreichischen Produktivitäts- und Wirtschaftlichkeitszentrum in Wien. Ab 1987 wurden dort ca. 600 Sekretärinnen geschult:

Frau Pfeil-Braun war „… außerordentlich verlässlich, kompetent, sehr gut vorbereitet, bereit auch für persönliche, vertrauliche Gespräche mit den Teilnehmerinnen. Flexibel, beeindruckende Gedächtnisleistung. Sie war ein Vorbild für Sekretärinnen/Assistentinnen, hat ermutigt, mehr, viel mehr aus diesem Beruf zu machen!"

Dank

An dieser Stelle danke ich all jenen, die dieses Buchprojekt mit einem anregenden Gedankenaustausch unterstützt und gefördert haben. Insbesondere gehören dazu Gerd Loch, der den Entstehungsprozess kontinuierlich mit Rat und Tat begleitet hat. Dr. Petra Willim gab während der Konzepterstellung fachliche Hinweise. Susi Haas ermutigte dazu, diese Erzählung zu veröffentlichen.

Ergänzende Informationen zu einigen Themen in diesem Buch erhielt ich dankenswerterweise von:

Fleiter, Michael, Dr.	Ausstellungskurator, Autor und Herausgeber historischer Begleitbände, freiberufliche Tätigkeit als Referent und Lehrbeauftragter, Leiter des „Frankfurter Erzählcafés" im Institut für Stadtgeschichte Frankfurt am Main
Gnaß, Edgar	Ehemaliger Leiter des neugegründeten Fachbereichs „Fortbildung" der Verwaltungsschule Kiel/Verwaltungsakademie, später KOMMA in Bordesholm

Haas, Susi I.	Damals Abiturientin am Elisabethen-Gymnasium, Frankfurt, Jura-Studentin an der Johann- Wolfgang-Goethe-Universität, Frankfurt, und an der Duke University School of Law, Durham, North Carolina Später: Chef-Markenberaterin und Leiterin für Warenzeichenrecht und Syndika, Haustechnik und Wärmelösung, Resideo Technologies Inc., Minneapolis, Minnesota, USA
Hutzfeldt, Sieglinde	Ehemalige Vorstandssekretärin der DG BANK Deutsche Genossenschaftsbank AG, Spitzeninstitut der Volks- und Raiffeisenbanken, Frankfurt Zuletzt: Assistentin des Vorstandsvorsitzenden der Berliner Volksbank, Berlin
Loch, Gerd	Ehem. hauptamtlicher Dozent der Deutschen Bundesbank an der bankeigenen Fachhochschule auf Schloss Hachenburg/Westerwald Zuletzt: Präsident der Bundesbank-Hauptverwaltung Hannover
Loch, Maria	Ehefrau | Privater Kontakt

Schaefer, Klaus, Dr.iur.	Ehem. Geschäftsführer Zethe Gebrüder, Fabrik chemischer und technischer Erzeugnisse, Frankfurt Später: Geschäftsführer der Klaus Schaefer GmbH Zuletzt: Klaus Schaefer promovierte in Jura an der Goethe-Universität mit 87 Jahren als ältester Doktorand
Schulte, Bernt, Dr.	Ehemaliger Geschäftsführer des Bildungswerks der Bremer Arbeitgeberverbände/Bildungswerk der Wirtschaft im Unterwesergebiet (BWU e.V.) in Bremen und Bremerhaven Später: Senator im Bremer Senat
Stabel, Christine	Ehemalige Referentin bei dem Österreichischen Produktivitäts- und Wirtschaftlichkeitszentrum in Wien, Österreich Zuletzt: Selbstständig in der Weiterbildung von Führungskräften

Ein buntes Portfolio
Auftraggeber und Schulungsorte – unvollständig

- Akademie Deutscher Genossenschaften
  Schloss Montabaur
- Akademie für Führungskräfte
  Meersburg
- Allianz Deutschland AG
  München
- Andreae-Noris Zahn AG (ANZAG)
  Frankfurt
- Badischer Genossenschaftsverband e. V.
  Karlsruhe, Achern, Staufen
- Bildungszentrum d. Wirtschaft im Unterwesergebiet
  e.V. Bremen
- Boehringer Mannheim GmbH
  Mannheim
- Robert Bosch GmbH
  Stuttgart
- Daimler-Benz Aktiengesellschaft
  Stuttgart
- Datev eG
  Nürnberg
- Deutsche Bundesbank, Dienststelle des Direktoriums
  Frankfurt
- Degussa AG
  Frankfurt

- Deutsche Gesellschaft für Technische Zusammenarbeit
  Eschborn
- Deutsches Institut für Betriebswirtschaft (DIB)
  Frankfurt, München, Hamburg, Berlin
- Drägerwerk AG
  Lübeck
- Dynamit Nobel AG
  Troisdorf
- EURATOM
  Ispra, ITALIEN
- Europäische Wirtschaftsgemeinschaft (EWG)
  Brüssel, BELGIEN | Luxemburg Stadt, LUXEMBURG
- Fachhochschule der Deutschen Bundesbank
  Schloss Hachenburg (Westerwald)
- Genossenschaftsverband Frankfurt e. V.
  Neu-Isenburg, Kassel
- Haftpflichtverband der Deutschen Industrie VVaG
  Hannover
- Handelskammer
  Bremen
- Henkel AG
  Düsseldorf
- W. C. Heraeus GmbH
  Hanau
- Hirschmann GmbH & Co.
  Esslingen

- Hoechst AG
  Frankfurt
- IHK-Akademie
  Westerham
- Industrie- und Handelskammer
  Bielefeld
- Institut franco-allemand d'enseignement Commercial
  Paris, FRANKREICH
- Kreditanstalt für Wiederaufbau
  Frankfurt
- Kraus-Maffei GmbH
  München
- Landesbank Rheinland-Pfalz
  Mainz
- Management Opleidings Centrum
  Amsterdam, NIEDERLANDE
- Messerschmitt-Bölkow-Blohm GmbH
  München
- Motoren- und Turbinen-Union GmbH
  Friedrichshafen
- Münchener Rückversicherungs-Gesellschaft AG
  München
- Österr. Produktivitäts- und Wirtschaftlichkeits-Zentrum Wien, ÖSTERREICH
- Produktivitätszentrale
  Luxemburg Stadt, LUXEMBURG
- Rationalisierungskuratorium d. Deutschen Wirtschaft e. V. Stuttgart, Freiburg

- Rheinisch-Westfälisches Elektrizitätswerk AG
  Essen
- Schoppe & Faeser GmbH
  Minden
- Schwab Versand GmbH
  Hanau
- Thyssen Handelsunion AG
  Essen, Düsseldorf
- Verwaltungsschule/Verwaltungsakademie
  Kiel, Bad Segeberg, Bad Malente
- Volksbund Deutsche Kriegsgräberfürsorge e. V.
  Kassel
- Wirtschaftsakademie Schleswig-Holstein
  Kiel, Lübeck, Flensburg
- Zweites Deutsches Fernsehen
  Mainz

Einzelne Veranstaltungen fanden in der SCHWEIZ, in POLEN und in JUGOSLAWIEN statt.

Die Ferienkurse/Wochenseminare wurden in Glashütten (Taunus), Bühlertal (Schwarzwald), Oberursel (Taunus), in ÖSTERREICH in Mittelberg und in Igls bei Innsbruck durchgeführt.

Anmerkungen

1. Vgl. Nordmeyer, Helmut / Kochmann, Fred: Hurra, wir
leben noch! Frankfurt a. M. nach 1945, Gudensberg-Gleichen 2000, S. 3
2. Vgl. Brückner, Dieter /Focke, Harald (Hg.): Das waren Zeiten – Deutschland und die Welt nach 1871, Bamberg 2007, S. 199
3. Nacken, R., Direktor am Max-Planck-Institut der Johann Wolfgang Goethe-Universität, Frankfurt am Main. Zeugnis für Helga Braun vom 20.08.1945
4. Hibbdebach, diesseits des Ufers, liegt das Stadtzentrum Frankfurts; dribbdebach, jenseits des Flusses, befindet sich Sachsenhausen
5. Schaefer, Klaus: FAZ Leserbrief vom 7. Juli 2010
6. Vgl. Schüller, Elke / Wolff, Kerstin: Finni Pfannes. Pro-tagonistin und Paradiesvogel der Nachkriegsfrauenbe-wegung, Königstein 2000, S.81 – 83
7. Ebd., S. 110
8. 40 DM entsprechen ca. 20 €
9. Vgl. Brückner, Dieter/Focke, Harald (Hg.): Das waren Zeiten – Deutschland und die Welt nach 1871, Bamberg 2007, S. 218
10. Bundesbank Archiv: Volltext-Protokoll, 19. ZBR-Sitzung BdL vom 05.10.1948
11. Ille, Harald: In diesem Kreise sind auch Sie ein Herr! – Elisabeth Schwarzhaupt, erste Ministerin der

Bundesrepublik, in: Brockhoff, Evelyn / Kern, Ursula (Hg.): Frankfurter Frauengeschichte(n), Frankfurt a. M. 2017, S. 189
12. Bis 1966 wurden etwa 1 Milliarde DM von der BRD zurückgezahlt und der Rest erlassen. Wikipedia
13. Vgl. Mohr, Joachim: Land ohne Männer, in: Iken, Katja / Klußmann, Uwe / Schnurr, Eva-Maria (Hg.): Als Deutschland sich neu erfand. Die Nachkriegszeit 1945 – 1949, München 2019, S. 42
14. Vgl. Evonik Industries AG (Hg.): VerSIErt – Frauen machen Geschichte bei Evonik. Begleitbroschüre einer Wanderausstellung, Essen 2015, S. 23
15. Vgl. Mann, Erika: Zehn Millionen Kinder. Die Erziehung der Jugend im Dritten Reich, 4. Aufl., Reinbek bei Hamburg 2002, S. 164 ff.
16. Ebd., S. 30
17. Schaefer, Klaus, in: F.A.Z., Leserbrief vom 7. Juli 2010
18. Grundgesetz für die Bundesrepublik Deutschland, Artikel 3, Abs. 2. Elisabeth Selbert, Mitglied des Parlamentarischen Rates, ist es zu verdanken, dass dieser Satz 1949 zunächst gegen Widerstand durchgesetzt werden konnte. 1994 wird er um den Satz ergänzt: „Der Staat fördert die tatsächliche Durchsetzung der Gleichberechtigung von Frauen und Männern und wirkt auf die Beseitigung bestehender Nachteile hin."

19. 1977 wird im BGB § 1356 festgeschrieben: „Die Ehegatten regeln die Haushaltsführung im gegenseitigen Einvernehmen", Bundeszentrale für politische Bildung: Gleichberechtigung wird Gesetz, 27.06.2018
20. Vgl. Evonik Industries AG (Hg.): VerSIErt, S. 36 und S. 18
21. Vgl. Bernau, Patrick: Viele Frauen wollen keine Karriere machen, in: Frankfurter Allgemeine Sonntagszeitung vom 23.02.2020
22. Die Nachrangigkeit des Mädchennamens wurde 1976 aufgehoben, BGB § 12
23. Die Schreibmaschine war eßbar, in: Frankfurter Rundschau, 22. März 1963
24. Hummerich, Helga: Wie wird man Chefsekretärin? In: F.A.Z. vom 20.08.1968
25. Vgl. www.dasbestelexikon.de/wiki/Inge_Sollwedel
26. Nach Schätzung der „Münchener Verlagsgruppe", die den „verlag moderne industrie" übernommen hat, wurden mindestens 50 TSD Exemplare von dem Anredenbuch verkauft
27. Vgl. Fleiter, Dr. Michael / Picard, Tobias: Schauplätze. Frankfurt in den 50-er Jahren, Institut für Stadtgeschichte (Hg.), 2. Aufl., Frankfurt a. M. 2016, S. 75
28. Genossenschaftsschule Mitteilungsblatt Baden 5/82, S. 27–28
29. Der Trans-Europ-Express (TEE) fuhr von 1957–1987 zwischen den Staaten der EWG (Europäische

Wirtschafts-gemeinschaft), Österreich und der Schweiz und wurde somit ein Symbol für ein Europa ohne Grenzen. Vgl.: https://de.wikipedia.org/wiki/Trans-Europ-Express
30. Vgl. Korrespondenz vom 05.12.1968 bis 15.09.1970
31. Merkblatt für Schöffen und Geschworene – gen. 4. 1967
32. Der Landgerichtspräsident, Schreiben vom Januar 1971
33. „Die Mnemotechnik entwickelt Merkhilfen (Eselsbrücken) … Mnemotechniken dienen der Verbesserung des Speicherns und Behaltens von Informationen im Langzeitgedächtnis." Wikipedia
34. Vgl. Iskandar, Katharina: Da habe ich ihm einfach Grüne Soße serviert, in: Frankfurter Allgemeine Sonntagszeitung vom 20. Juni 2010

Quellen

Adlerwerke (Hg.): Adlerhorst Hauszeitschriften, Frankfurt a. M. 1958 – 1964

Archiv der Deutschen Bundesbank

Brockhoff, Evelyn / Kern, Ursula (Hg.): Frankfurter Frauengeschichte(n), Frankfurt a. M. 2017

Brückner, Dieter/Focke, Harald (Hg.): Das waren Zeiten – Deutschland und die Welt nach 1871, Bamberg 2007

Bürgerliches Gesetzbuch (BGB)

Bundesministerium des Innern, für Bau und Heimat

Bundeszentrale für politische Bildung

Evonik Industries AG (Hg.): VerSIErt – Frauen machen Geschichte bei Evonik. Begleitbroschüre einer Wanderausstellung, Essen 2015

Fleiter, Dr. Michael / Picard, Tobias: Schauplätze. Frankfurt in den 50er Jahren, Hg.: Institut für Stadtgeschichte, 2. Aufl., Frankfurt a. M. 2016

Frankfurter Allgemeine Sonntagszeitung

Frankfurter Allgemeine Zeitung

Frankfurter Rundschau

Grundgesetz für die Bundesrepublik Deutschland

Iken, Katja /Klußmann, Uwe / Schnurr, Eva-Maria (Hg.): Als Deutschland sich neu erfand. Die Nachkriegszeit 1945 – 1949, München 2019

Institut für Stadtgeschichte Frankfurt am Main

Mann, Erika: Zehn Millionen Kinder. Die Erziehung der Jugend im Dritten Reich, 4. Aufl., Reinbek bei Hamburg 2002

Münchener Verlagsgruppe

Nordmeyer, Helmut / Kochmann, Fred: Hurra, wir leben noch! Frankfurt a. M. nach 1945, Gudensberg-Gleichen 2000

Schüller, Elke / Wolff, Kerstin: Fini Pfannes. Protagonistin und Paradiesvogel der Nachkriegsfrauenbewegung, Königstein 2000

Wikipedia

Bisher unveröffentlichte Dokumente und Bilder aus dem privaten Nachlass von Helga Pfeil-Braun.

Über die Autorin

Nach dem Studium der Wirtschaftswissenschaften in ihrer Heimatstadt Frankfurt (M), hat sich Jutta C. Pfeil im Sekretärinnen-Studio als Seminarleiterin ausbilden lassen.
Die Autorin ist Mutter, lebt in Berlin und arbeitet seit 30 Jahren selbstständig in der Weiterbildung. Mit ihren Präsenz-Seminaren hat sie sich auf Themen aus dem Spektrum der „Soft Skills" spezialisiert.